Jutta Lammèr

Sticken für Weihnachten

Jutta Lammèr

Sticken für Weihnachten

Otto Maier Ravensburg

Umschlaggestaltung: Ekkehard Drechsel
Fotos: Thomas Weiss
Zeichnungen: Ekkehard Drechsel
Satz: Fotosatz Ruderer, Grünkraut
Gesamtherstellung: Himmer, Augsburg
Printed in Germany

93 92 91 4 3 2

ISBN 3-473-42486-2

Einführung

Das Sticken von Kreuzstichen könnte Teil einer fernöstlichen Lehre sein: Einerseits ist es eine Aufgabe, die Konzentration und Sorgfalt erfordert, andererseits vermittelt diese Tätigkeit innere Ruhe. Man hat Zeit und Muße sich zu besinnen und seine Gedanken in eine andere Richtung zu lenken, als sie der Alltag erfordert. Das setzt allerdings voraus, daß man nicht in letzter Minute eine Stickerei beginnt, die zu einem bestimmten Termin vollendet sein muß.
Stickereien nehmen oft viel mehr Zeit in Anspruch, als man beim Betrachten des fertigen Motivs vermutet. Geübte Stickerinnen und Sticker wissen das. Einsteigern sei deshalb empfohlen, zunächst mit einem kleineren Motiv aus diesem Buch zu beginnen. Das Mustertuch auf Seite 59 bietet viele Einzelmotive zur Auswahl, und auch die auf den Seiten 20 und 21 gezeigten Reihenmotive für Decken und Tischbänder kann man einzeln arbeiten. Für alle, die erst jetzt ihre Liebe zu dieser technisch einfachen Handarbeit entdeckt haben, sind bei jedem Modell die erforderlichen Arbeitsstunden angegeben, die allerdings nur als Richtzeit dienen können. Wie bei allen anderen Arbeiten, so gibt es auch unter Stickern Bedächtige und Flinke. Hinzu kommt, welche Einstellung man zur Stickerei hat. Für den einen ist das Sticken an sich das Vergnügen, für den anderen zählt nur das vollendete Motiv.
Das vorliegende Buch bietet eine Fülle von weihnachtlichen Motiven: traditionellen und modernen, besinnlichen und heiteren. Zu allen gibt es genaue Zählvorlagen. Worauf warten Sie noch?

Sticktechnik

Der Kreuzstich besteht aus dem diagonal von links unten nach rechts oben verlaufenden Unterstich und dem Deckstich, der in entgegengesetzter Richtung verläuft. Es versteht sich von selbst, daß alle Stiche ohne Ausnahme in dieser Technik gearbeitet werden, damit eine gleichmäßige Oberflächenstruktur entsteht. Man arbeitet reihenweise: zuerst die Unterstiche in einer Hinreihe, dann die Deckstiche als Rückreihe. Ob diese Reihen fortlaufend senkrecht oder waagerecht gestickt werden, bleibt jedem selbst überlassen. Wichtig ist, daß man sich innerhalb der gesamten Arbeit für eine dieser beiden Methoden entscheidet.

Waagerechte Reihen: Man sticht – bei Verwendung von Leinen als Grundstoff – zu Beginn der Arbeit zwischen zwei Gewebefäden von der Rückseite zur Vorderseite des Stoffes durch, führt den Faden diagonal nach rechts oben über zwei Gewebekreuze und sticht dann senkrecht in Abwärtsrichtung unter zwei Gewebefäden hindurch. In fortlaufenden Abwärtsstichen wird die Reihe beendet (s. Zeichung a). Dann stickt man, die vorherigen Ein- und Ausstichlöcher benutzend, wieder in entgegengesetzter Richtung zurück (b). Dabei ist darauf zu achten, daß man mit der Nadel weder einen Faden des Grundstoffes noch den Faden eines der Unterstiche erfaßt. Die Fäden auf der Rückseite der Arbeit verlaufen senkrecht (s. Arbeitsprobe Seite 7, links, obere Reihe).

Senkrechte Reihen: Zur Bildung der Unterstiche in senkrecht verlaufender Aufwärtsreihe wird die Nadel nach dem ersten Ausstich fortlaufend waagerecht unter zwei Gewebefäden von rechts nach links hindurchgeführt (c). Zur Bildung der Deckstiche verfährt man auf die gleiche Weise in Abwärtsrichtung (d). Die Fäden auf der Rückseite verlaufen waagerecht (s. Arbeitsprobe Seite 7, links, untere Reihe).

Der Stickfaden wird stets gleichmäßig so angezogen, daß er flach aufliegt, ohne das Gewebe zusammenzuziehen. Das Gesamtbild wird schöner, wenn man die Unterstiche etwas fester arbeitet als die Deckstiche.

Damit der Anfang des Fadens nicht nach vorn durchrutscht, macht man vor Beginn der Arbeit eine kleine Schlinge (keinen Knoten). Sie wird später aufgelöst und das Fadenstück auf der Rückseite unter den bereits ausgeführten Stichen verstopft. Geübte legen den Fadenanfang parallel zur ersten zu stickenden Reihe und übersticken ihn gleich mit. Generationen von Stickerinnen haben jede Arbeit mit der unteren Reihe begonnen und Reihe für Reihe aufwärts weiter gearbeitet. Oder sie haben – bei senkrechter Anordnung der Reihen – ihre Stickerei links begonnen und nach rechts fortgesetzt. Diese Methode bringt es mit sich, daß man den jeweiligen Einstich auf der freien Fläche des Grundstoffes ausführt, während der Ausstich stets durch die Stichlöcher der vorhergehenden Reihe erfolgt.

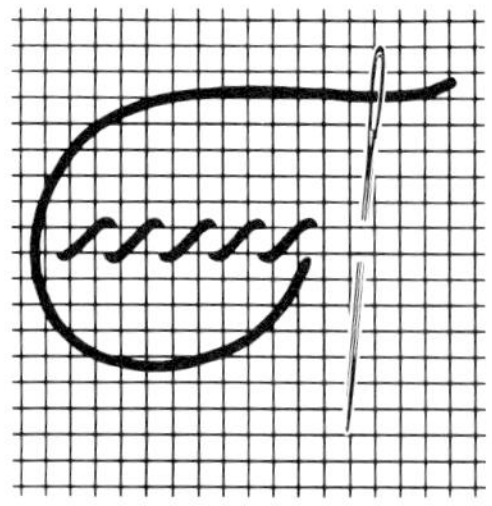
a

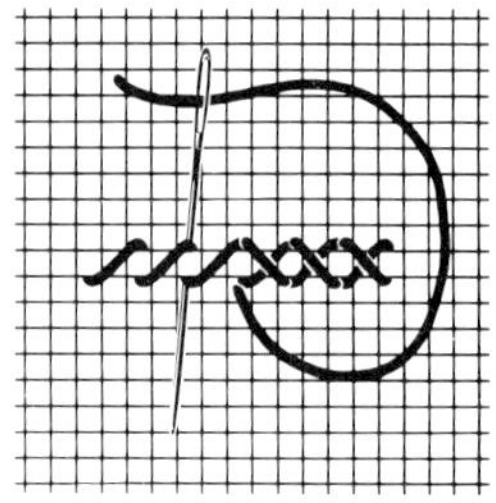
b

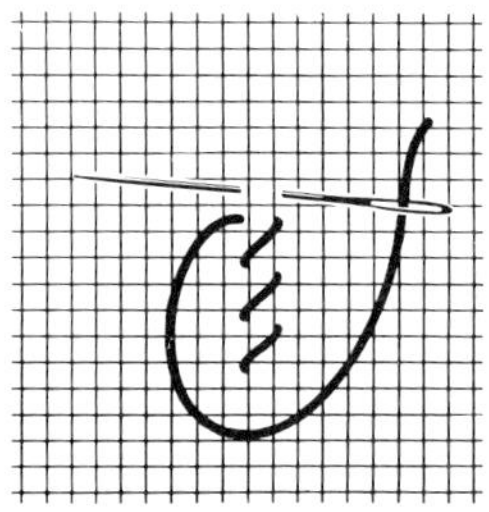
c

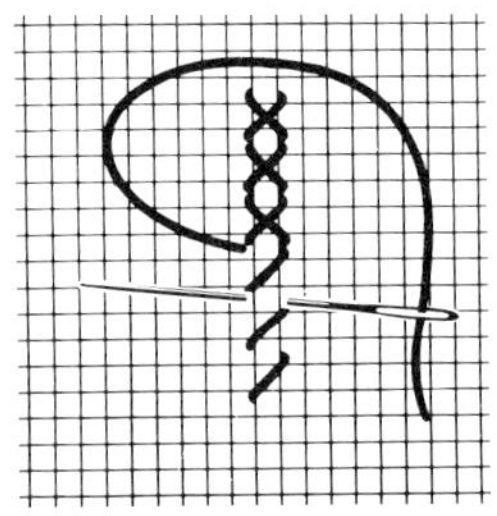
d

Da man jedoch den Einstich besser kontrollieren kann als den Ausstich, wäre es sinnvoller, die Arbeit – bei waagerechter Reihenführung – oben oder – bei senkrechten Reihen – rechts zu beginnen. Besonders dort, wo vier Fäden in einem Gewebeloch zusammenlaufen, z.B. bei flächigen Motivteilen, ist es viel einfacher, den Stich als Einstich präzise auszuführen, als von der Unterseite her herumzustochern. Hinzu kommt, daß man beim Einstich den durch das Arbeiten etwas aufgerauhten Flor des Nebenstiches mit zur Rückseite durchzieht, während man ihn bei der herkömmlichen Methode zusätzlich aufrauhen würde. Die Arbeitsproben Seite 7, rechts, zeigen in der oberen Reihe die Gegenüberstellung der traditionellen und der neuen Methode bei waagerechter Arbeitsweise, darunter den Vergleich bei senkrechten Stickreihen.

Arbeiten nach einer Zählvorlage

Jedem in diesem Buch gezeigten Motiv steht eine Zählvorlage gegenüber oder deren Stand ist durch einen Seitenverweis gekennzeichnet. Die Symbole stehen für die verwendeten Garnfarben (Farbübersicht auf Seite 10/11), wobei jedes Symbol einem Kreuzstich entspricht. Ein Kreuzstich wiederum entspricht, bei Verwendung von Leinen als Grundstoff, 2 Gewebefäden in Höhe und Breite. (Weitere Informationen über Stickmaterial auf Seite 10.)

Zuerst legt man die Mitte von Vorlage und Stickgrund in einer senkrechten und einer waagerechten Linie fest, markiert diese und zählt von hier aus die Gewebefäden (Fadenpaare) für das erste zu stickende Kreuz. Diese Maßnahme ist wichtig, um die Stickerei richtig plazieren zu können. Bei kleineren Motiven ist das Umsetzen einer Zählvorlage in Stickerei nicht schwierig. Es genügt hier, wenn man einen Kartonstreifen als Lesezeichen benutzt, den man Reihe für Reihe verschiebt.

Bei größeren Arbeiten mit vielen Farben sollte man sich folgender Hilfe bedienen: Man kopiert das gewünschte Motiv aus dem Buch heraus (Fotokopierer) und befestigt das Blatt auf einer Styroporplatte (gratis beim Fernseh- oder Möbelgeschäft zu haben). Nun markiert man mit zwei Stecknadeln Anfang und Ende der jeweils zu stickenden Reihe oder eines Teilstücks. Auf diese Weise hat man immer eine gute Übersicht und kann mit einer weiteren Nadel dort eine Markierung anbringen, wo man die Arbeit unterbricht.

(Beachten Sie bitte: Zählvorlage und Farbsymbole einiger Motive sind aus Platzgründen getrennt. Die Seiten sind angegeben.)

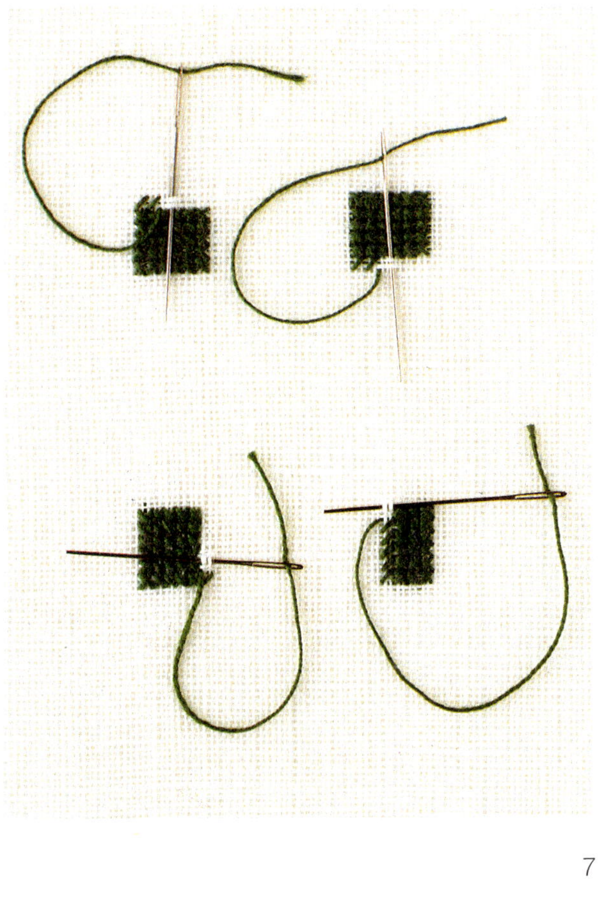

Stickgrund

Alle in diesem Buch gezeigten Modelle wurden auf Leinen Nr. 12 ausgeführt. Das heißt: 1 cm Leinen hat in Höhe und Breite 12 Gewebefäden für 6 × 6 Kreuze. Man kann also genau die Größe einer Stickerei im voraus berechnen. Mit Ausnahme der Reihenmotive für Decken und Tischbänder auf Seite 20/21 sind die Maße der Motive angegeben, jedoch fallen die Stoffe verschiedener Leinenhersteller nicht immer genau gleich aus, so daß diese Größenangaben um Millimeter abweichen können. Stickt man auf Leinen Nr. 10,5, rechnet man in Höhe und Breite jeweils 5 ¼ Kreuze auf 1 cm. Die Stickerei wird dann entsprechend größer. Die beiden Kränze auf den Fotos oben zeigen den Unterschied: Der linke Kranz, auf Leinen 10,5 gestickt, ist 7 × 7 cm, der rechte, auf Leinen Nr. 12 gearbeitet, 6 × 6 cm groß.

Außer Leinen, dem klassischen Material der Dänen, kann man auch andere Grundstoffe verwenden, z. B. Aida-Stoff, bei dem die in Leinenbindung gewebten Fadengruppen wie ein Faden gezählt und überstickt werden, oder sogenanntes Schülertuch in entsprechender Fadendichte. Auch Eingitter-Stramin eignet sich für Kreuzsticharbeiten. Bei den beiden letztgenannten Stoffen wird immer nur ein Fadenkreuz überstickt. Die Arbeitsproben unten zeigen die genannten Grundstoffe: oben links 12er Leinen, daneben Aida-Stoff, links unten Schülertuch und rechts Eingitter-Stramin. Während die Stickerei auf 12er Leinen 3,6 cm hoch ist, fällt sie mit 3,1 cm Höhe bei den drei anderen Stickgrundstoffen gleich aus. Die Wahl des Grundstoffes bleibt jedem selbst überlassen.

Stickgarn

Alle Modelle in diesem Buch wurden mit dem neuen Baumwollgarn NORDIN gestickt, das die Firma MEZ 1989 auf den Markt gebracht hat. Dieses Material hat den großen Vorteil, daß man es einfädig verarbeiten kann. Das lästige Verzwirnen der Doppelfäden, wie es z. B. bei Sticktwist vorkommt, entfällt. Das matte Stickgarn, das es z. Zt. in 136 schönen Farben gibt, besteht aus 100% Baumwolle. Es ist lichtecht und blutet bis auf wenige Ausnahmen auch beim Waschen nicht aus. Als nicht ganz farbecht haben sich die Rottöne Nr. 47, 59 und 65 gezeigt, das heißt, daß man beim rückseitigen Dämpfen der Stickerei hier vorsichtig sein muß. Will man Tischwäsche mit einer dieser Farben besticken, so ist zu empfehlen, den Garnstrang zuvor in lauwarmem Wasser durchzuschwenken, mit Essigwasser nachzuspülen und ihn in Haushaltskrepp zum Trocknen einzurollen. Die überschüssige Farbe ist ausgeschwemmt und die Gefahr des Ausblutens bei der Feinwäsche (!) weitgehend gebannt. Das schöne matte Garn wird in Strängen von 20 m Länge geliefert, wobei sich einzelne Fäden hervorragend ablängen lassen (der Fadenanfang befindet sich an der Nummernseite der Banderole). Eine Übersicht über alle z. Zt. lieferbaren Farben befindet sich auf Seite 10/11, die Farbnummern stehen jeweils darunter, wobei die Farben Gold und Silber nicht zum NORDIN-Sortiment gehören. Zu bemerken sei noch, daß Farben und Farbnummern von MEZ Nordin mit denen von MEZ Sticktwist übereinstimmen, so daß man durch Kombinieren beider Garnsorten zusätzliche Effekte erzielen kann.

78 326 324 313 890 891 306 298 290 288 292 301 300 275 2
75 970 969 968 897 896 895 893 22 59 54 40 36 50 49
45 144 150 940 121 120 128 127 123 122 119 118 117 112 109
83 877 875 900 847 206 208 188 185 170 168 928 922 920 9159
81 280 279 846 845 843 842 862 860 269 268 267 266 264 261
05 903 393 392 391 390 926 381 360 358 375 373 372 379 914
NORDIN

246	168	13	970	112	840	372	905
54	185	9046	266	244	75	397	900
298	403	133	288	40	398	146	373
324	2	279	65	100	188	275	903
109	117	77	8	85	123	47	778
96	118	381	403	280	242	400	35 Mund Engel

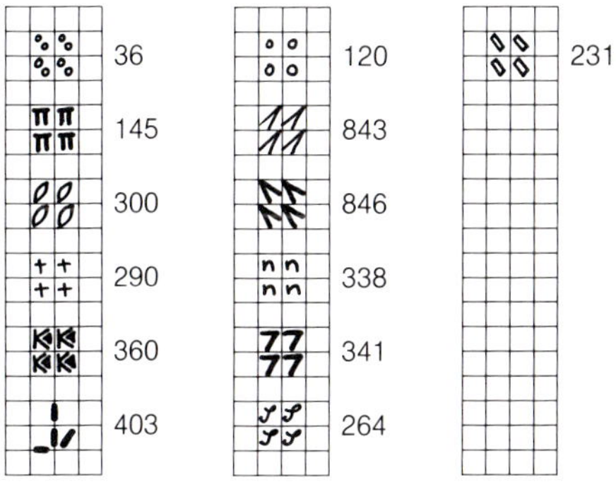

Mit dem Sticken dieses großen Motivs beginnt man am besten bei einem der mittleren Pakete und zählt dann von hier aus zur Fortsetzung der Arbeit nach oben, unten und seitlich weiter.
Motivgröße: 17 × 15 cm
Arbeitszeit: ca. 20 Stunden

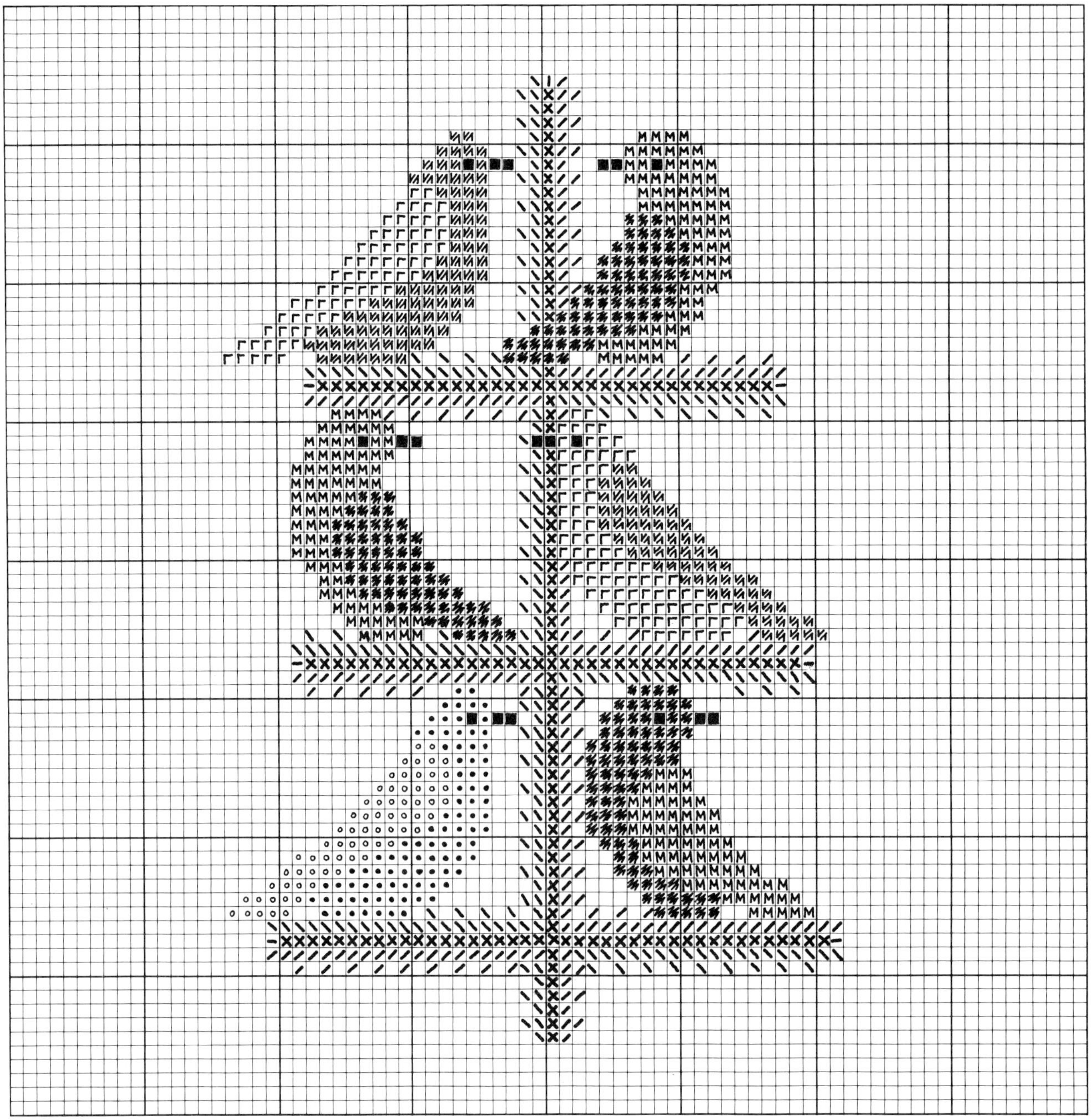

122

119

403

940

121

397

233

860

860
Halbstich

Farben und strenge Formen dieser Wintervögel erinnern an skandinavische Stickereien.
Die Nadeln des Tannenzweigs sind Halbstiche, einmal als Unter-, einmal als Deckstiche gearbeitet.
Motivgröße: 12 × 8 cm
Arbeitszeit: ca. 8 Stunden

Diese Reihenmotive eignen sich besonders für Tischbänder, Decken und Sets. Man kann aber auch Einzelmotive daraus zum Sticken von Grußkarten, Serviettenbändern oder Buchzeichen verwenden.
Die Nadeln an den Zweigen der oberen Motivreihe werden als Halbstiche nach rechts oder links gestickt.
Beim Motiv mit den Vogelpaaren (ganz unten) hat man die Wahl zwischen offener und kompakter Ausführung.
Zählmuster auf den Seiten 18 bis 21.

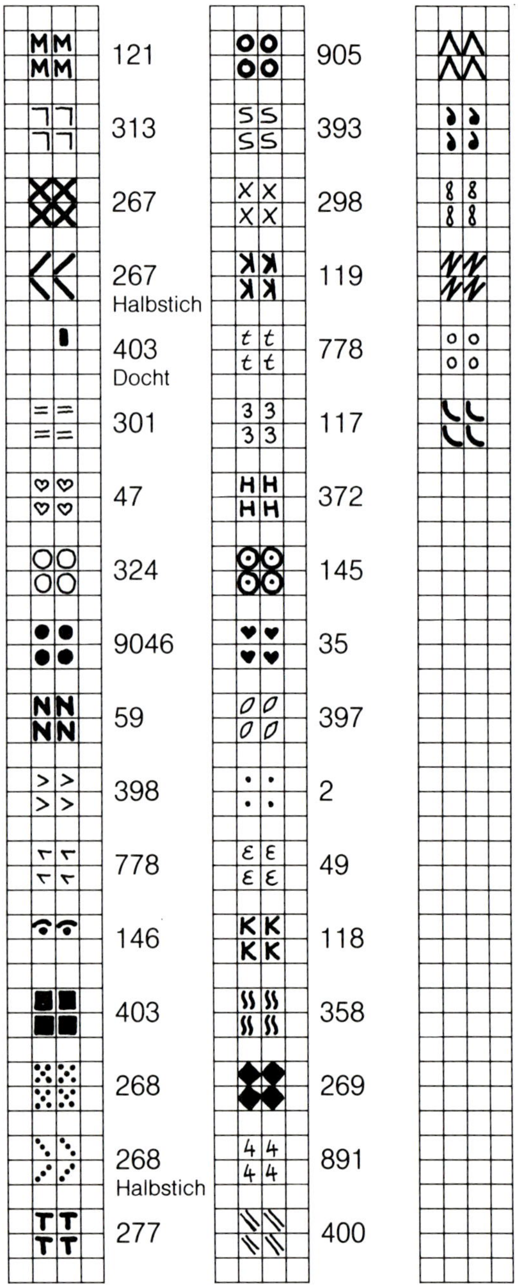

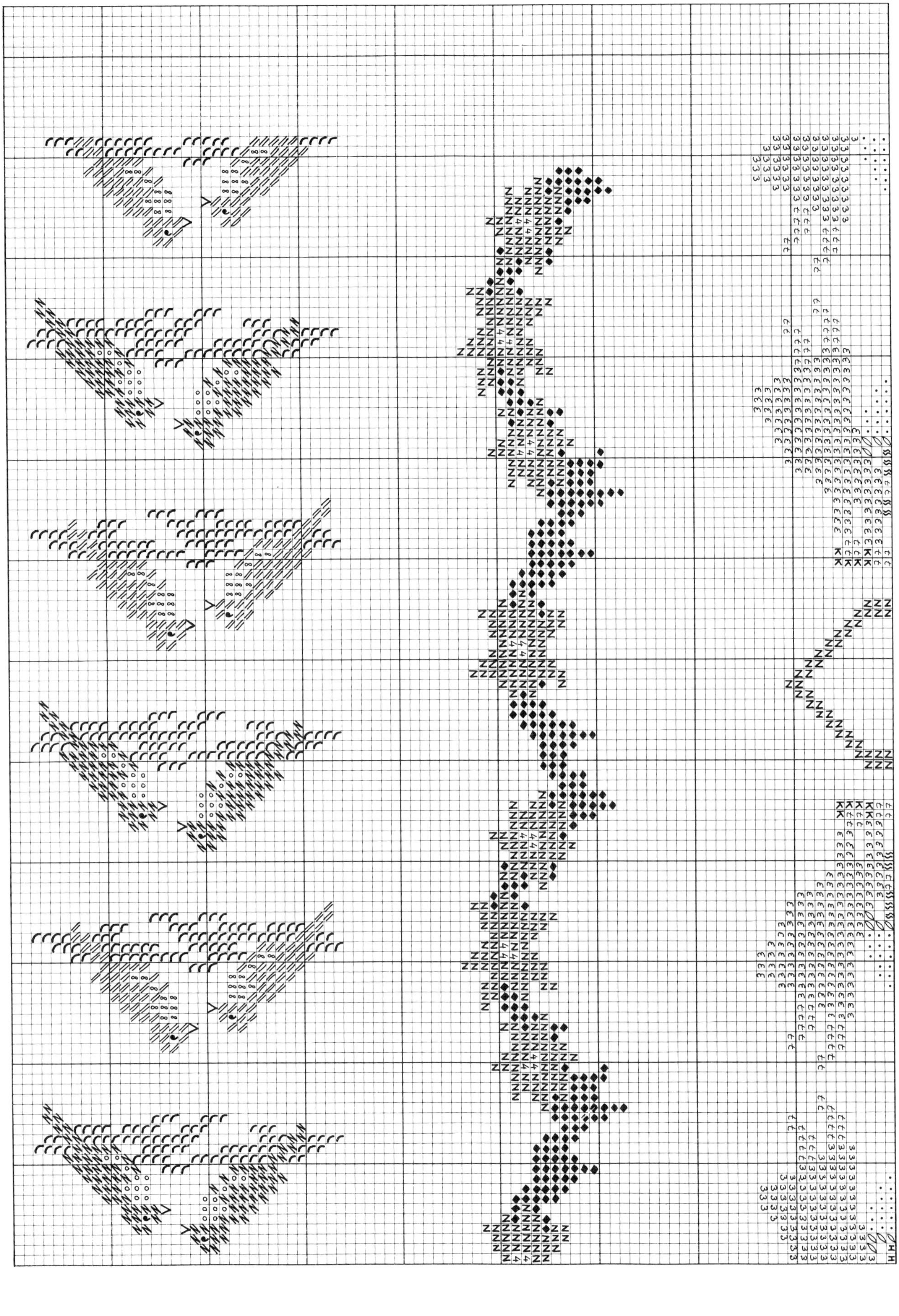

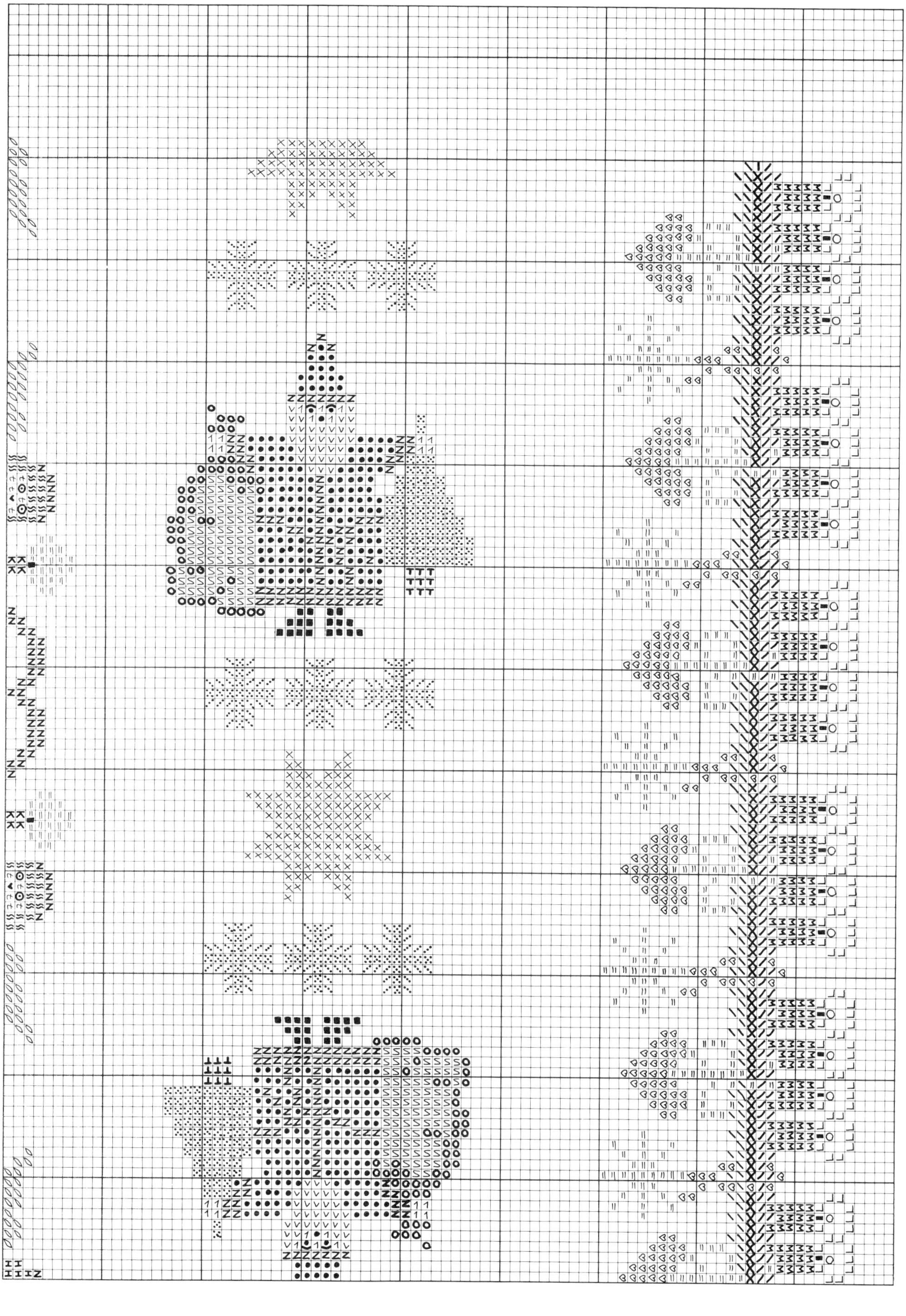

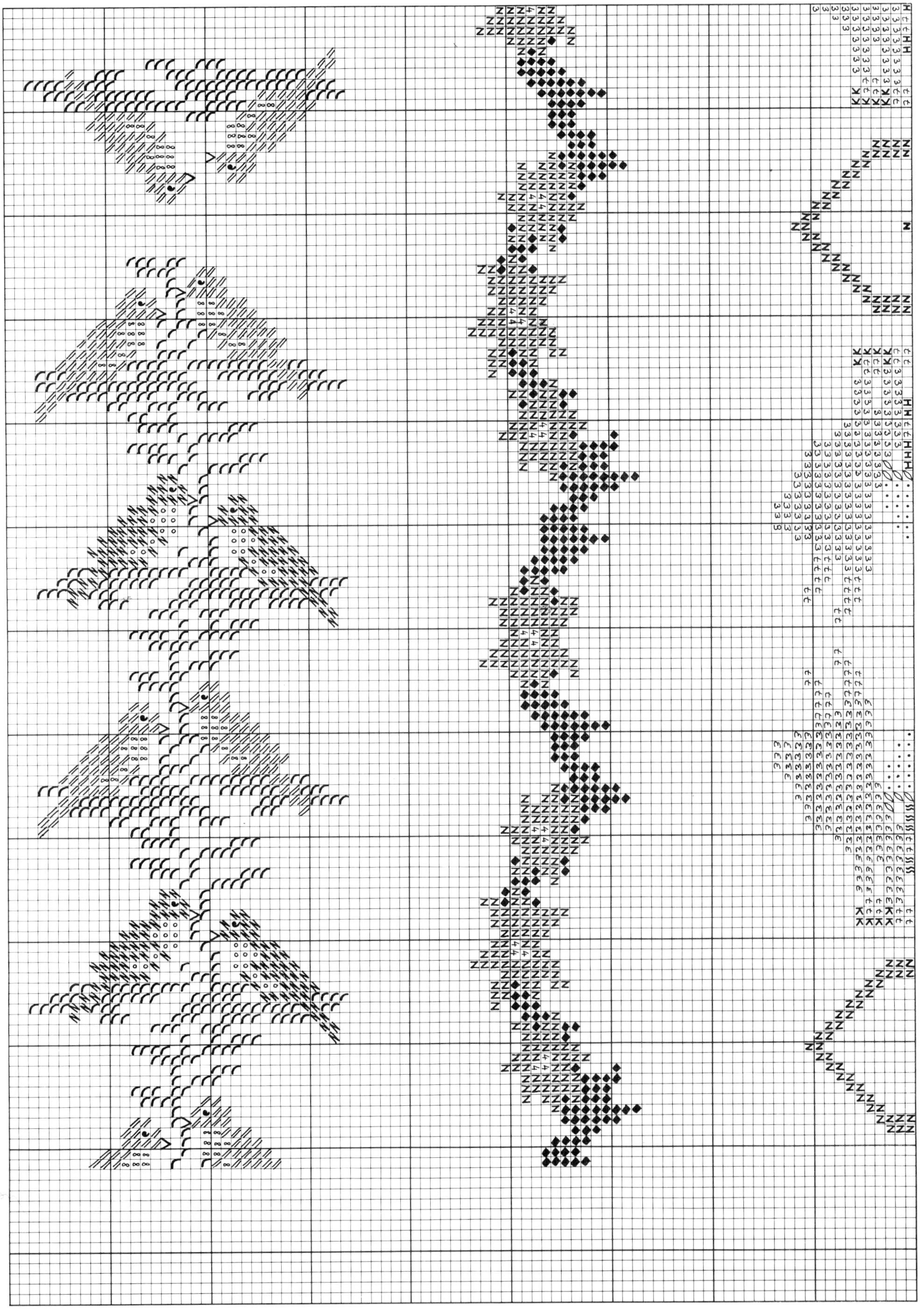

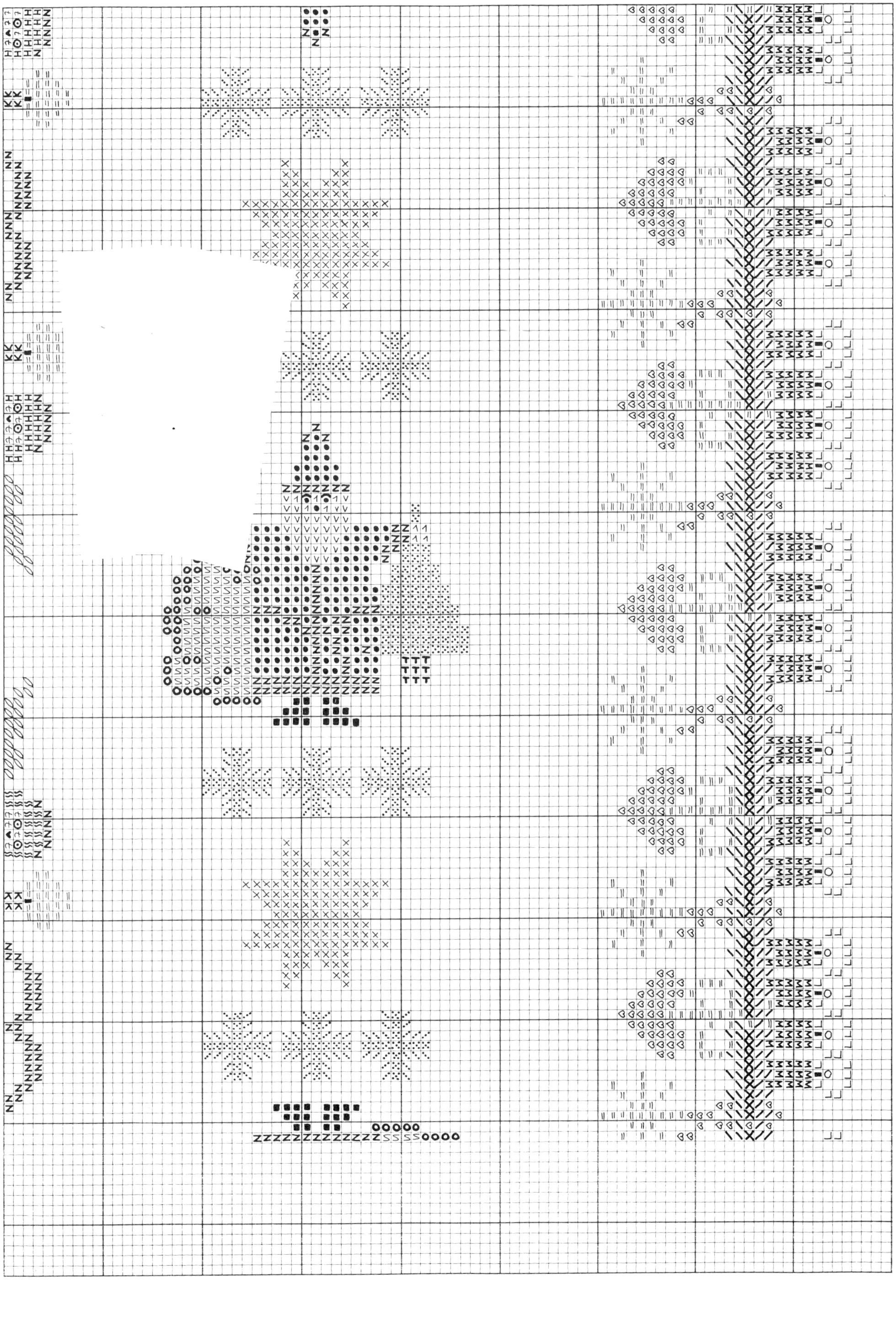

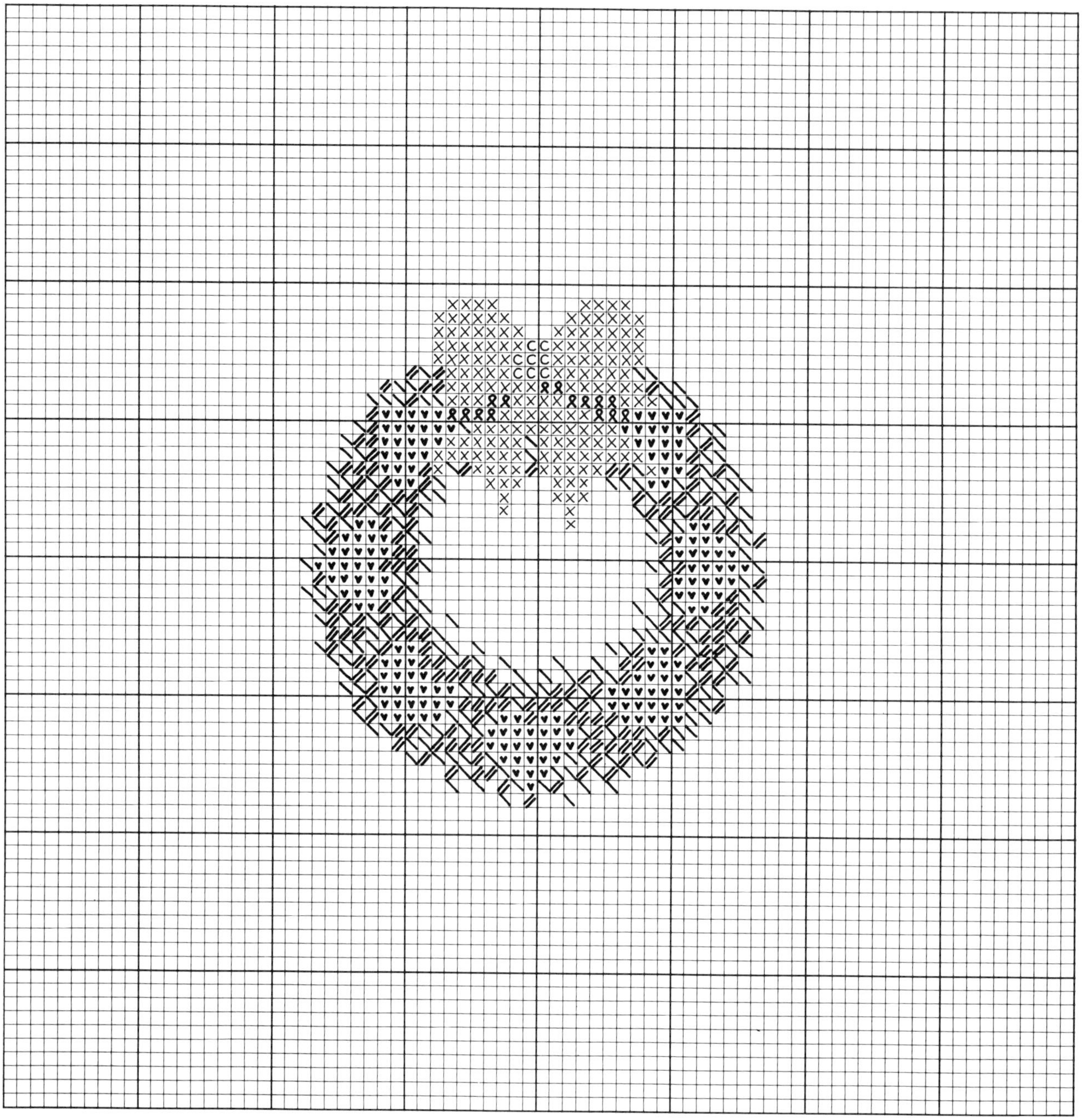

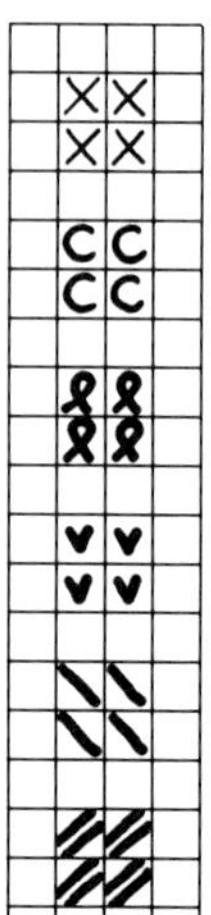

298

891

306

59

845

268

Ein hübsches Motiv, das auch Anfängern keine Mühe macht. Bei diesem Kränzchen beginnt man am besten mit der Stickerei bei der Schleife, um einen guten Anhaltspunkt zum Auszählen der folgenden Stiche zu haben.
Motivgröße: 6 × 6 cm
Arbeitszeit: ca. 5 Stunden

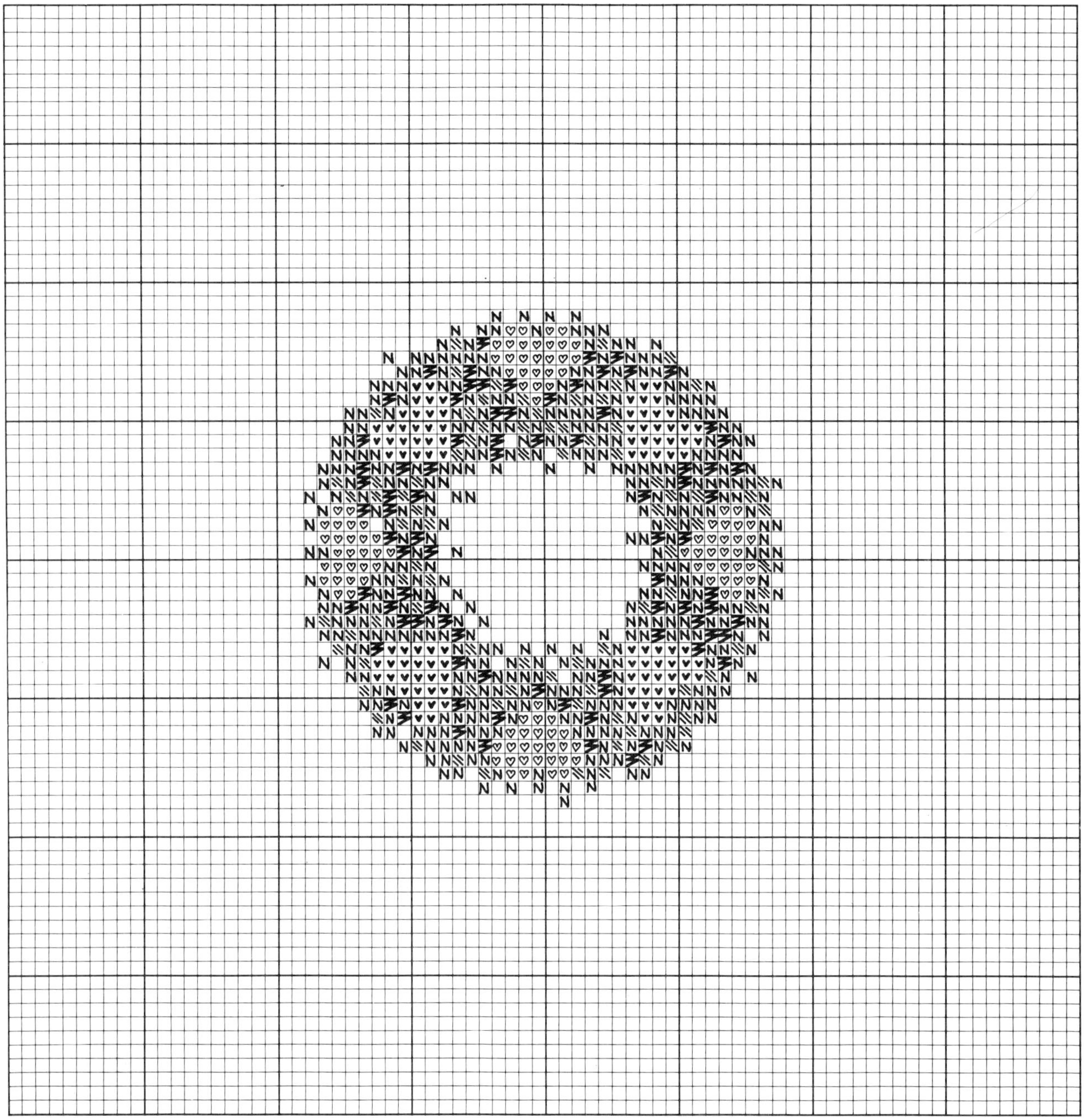

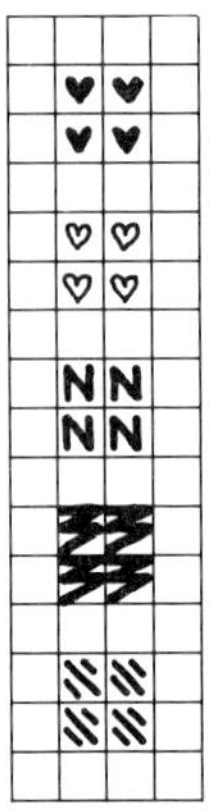

122

75

216

877

215

Auch dieser Kranz kann leicht von Anfängern gestickt werden. Der Ausgangspunkt für die Arbeit ist das obere Herzchen.
Motivgröße: 6 × 6 cm
Arbeitszeit: ca. 5 Stunden

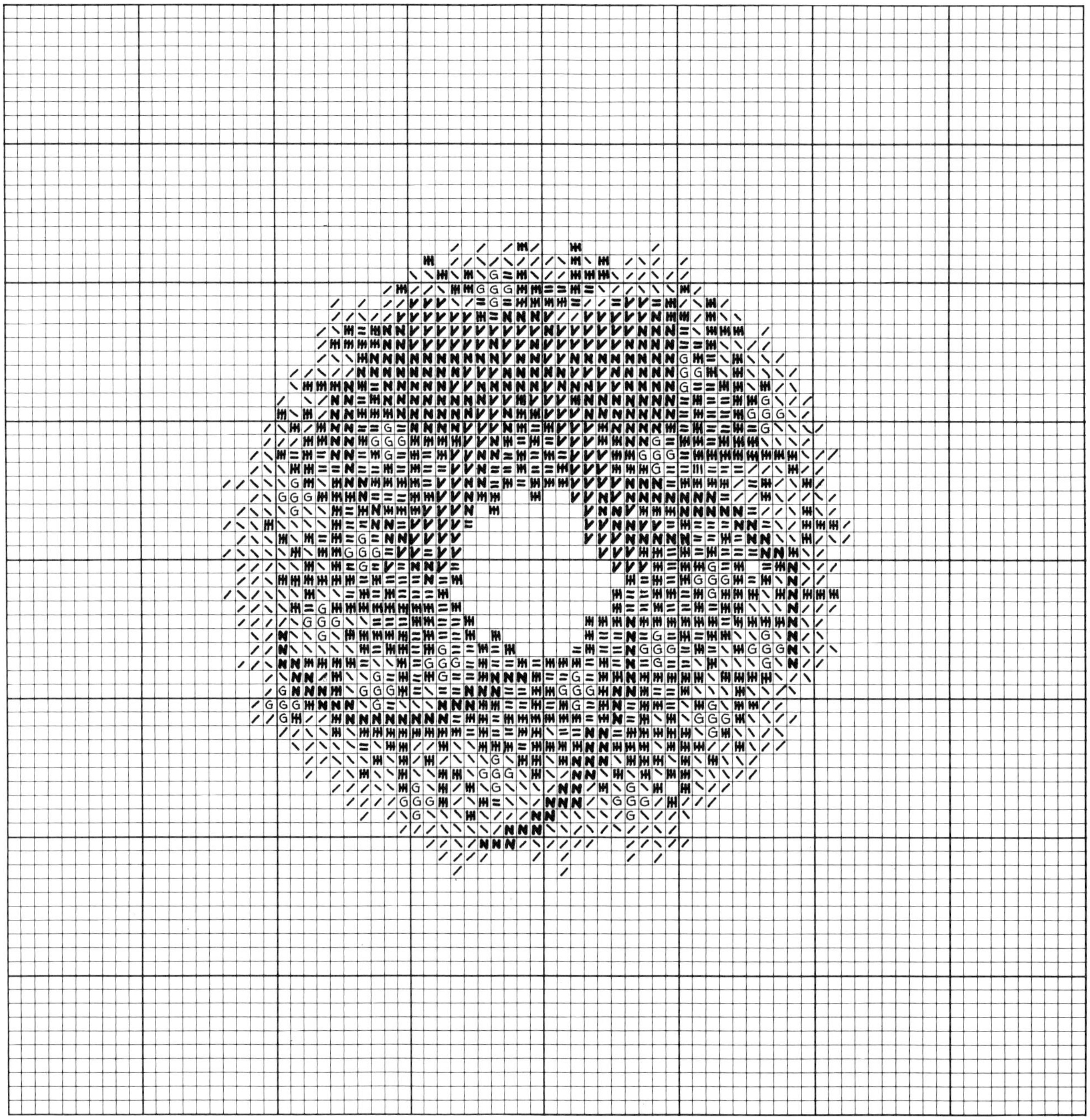

9046	N	118
13	V	119
266	/	216
846	Ħ	246
Gold	G	77
268	=	217
267	\	877

Dieses Kranzmotiv wurde in zwei verschiedenen Farbstellungen gestickt: oben in traditioneller Rot/Grün-Kombination, darunter in nordisch kühlen Farben. Zwei Beispiele, die zu eigener kreativer Farbgestaltung anregen sollen.
Motivgröße: 8 × 8 cm
Arbeitszeit: ca. 7 Stunden

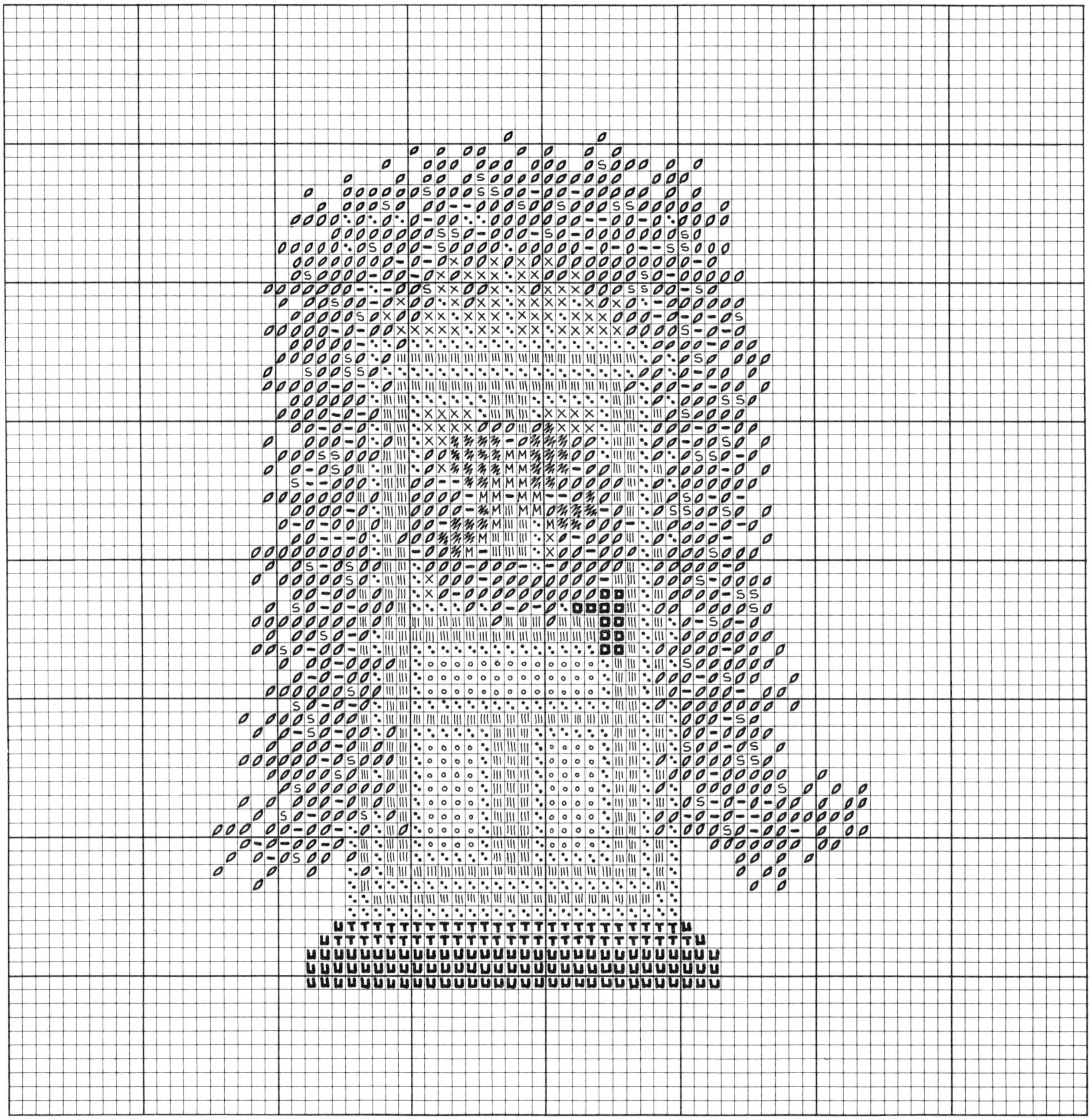

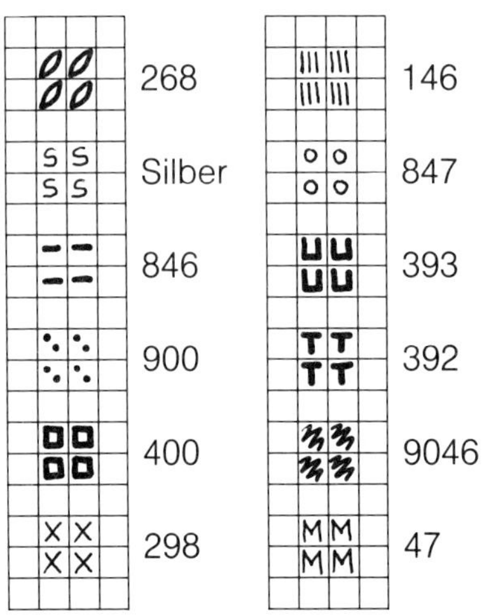
268
Silber
846
900
400
298
146
847
393
392
9046
47

Diese geschmückte Tür signalisiert weihnachtliche Gemütlichkeit jener, die dahinter leben.
Motivgröße: 10,5 × 8,5 cm
Arbeitszeit: ca. 15 Stunden

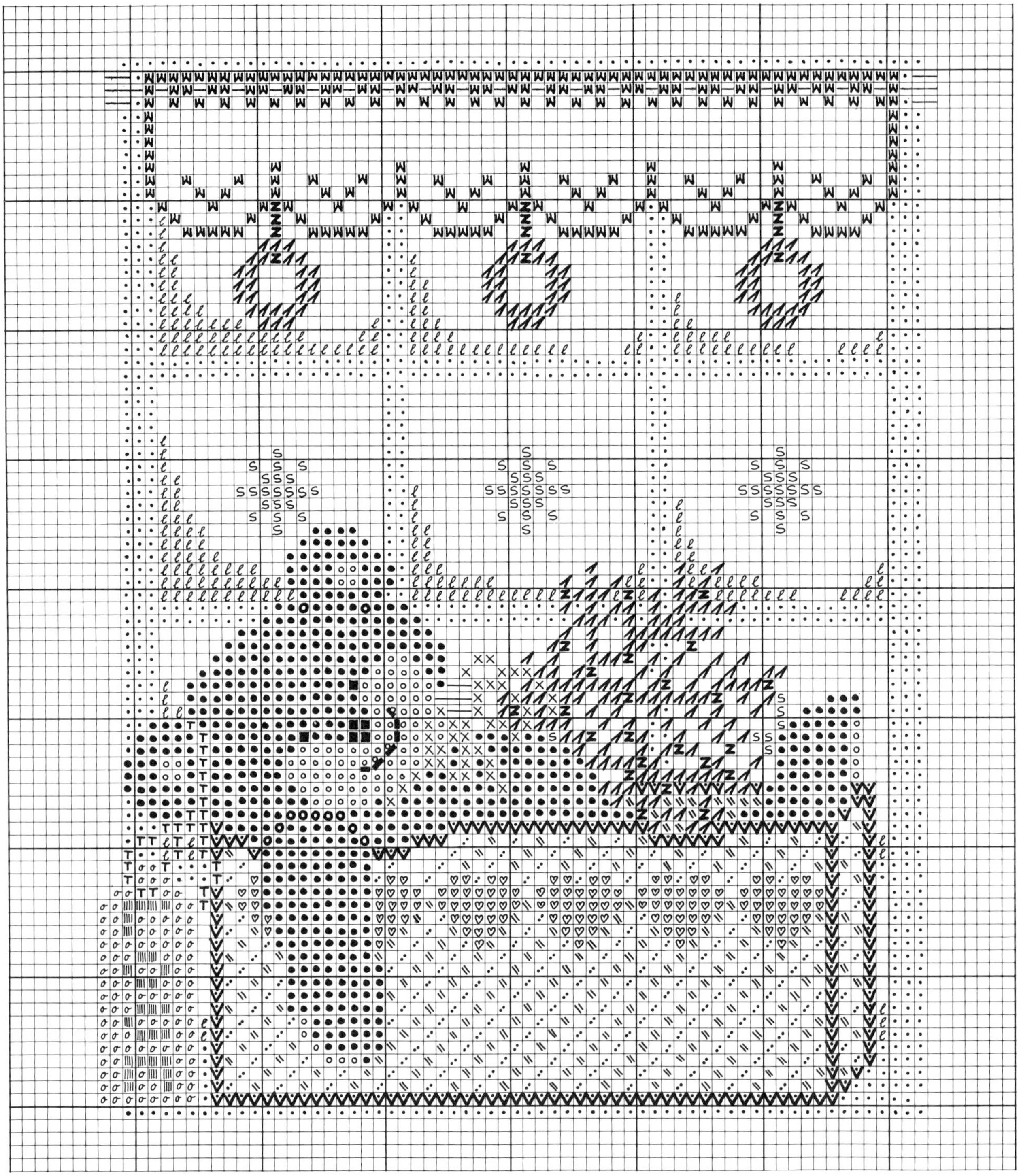

- ● 355 [14]
- o 914 [213]
- O 358 [214]
- ■ 381 [214]
- 381 Halbstich [214]
- σ 279
- T 168
- ||| 54
- X 298
- — 306
- V 109
- ♡ 75
- 244 [100]
- Z 59
- 928
- 118
- · 275 [600]
- W 940
- ℓ 847
- S Silber

Man sieht es deutlich: Der Teddybär in seinem
Geschenkkarton freut sich auf Weihnachten.
Wer sich an dem fertigen Bild erfreuen möchte,
muß etliche Stunden dafür arbeiten.
Motivgröße: 14 × 11 cm
Arbeitszeit: ca. 20 Stunden

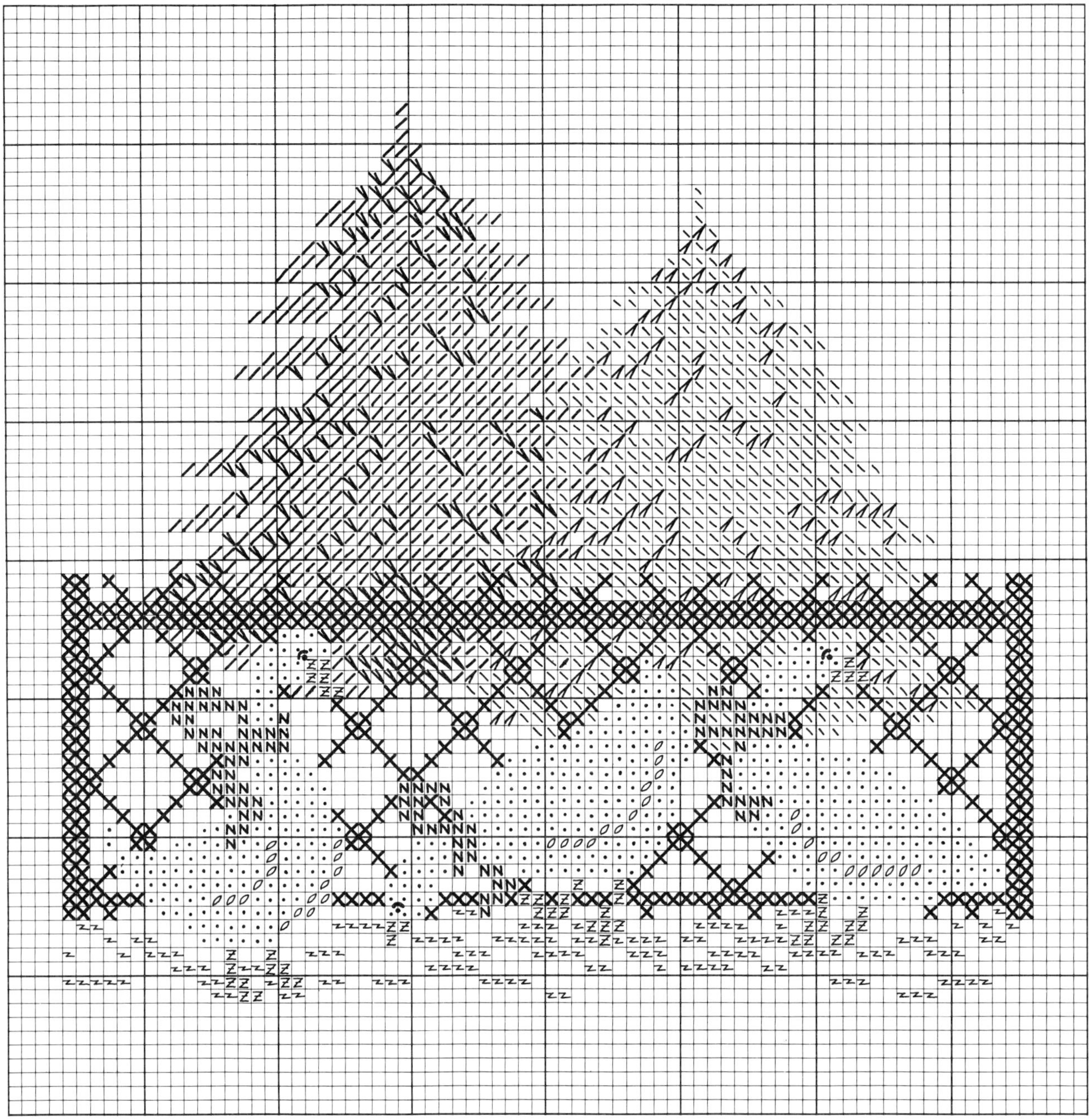

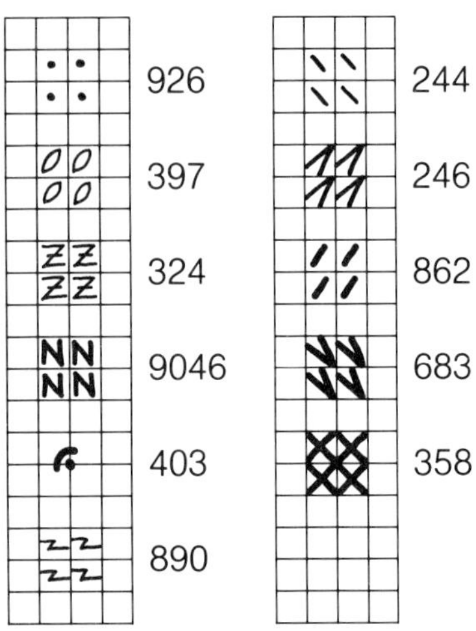
926
397
324
9046
403
890
244
246
862
683
358

Viel zu schade für den Bratentopf sind diese drei schleifengeschmückten Gänse. Als Stickbild haben sie gute Überlebenschancen.
Motivgröße: 11 × 12,2 cm
Arbeitszeit: ca. 12 Stunden

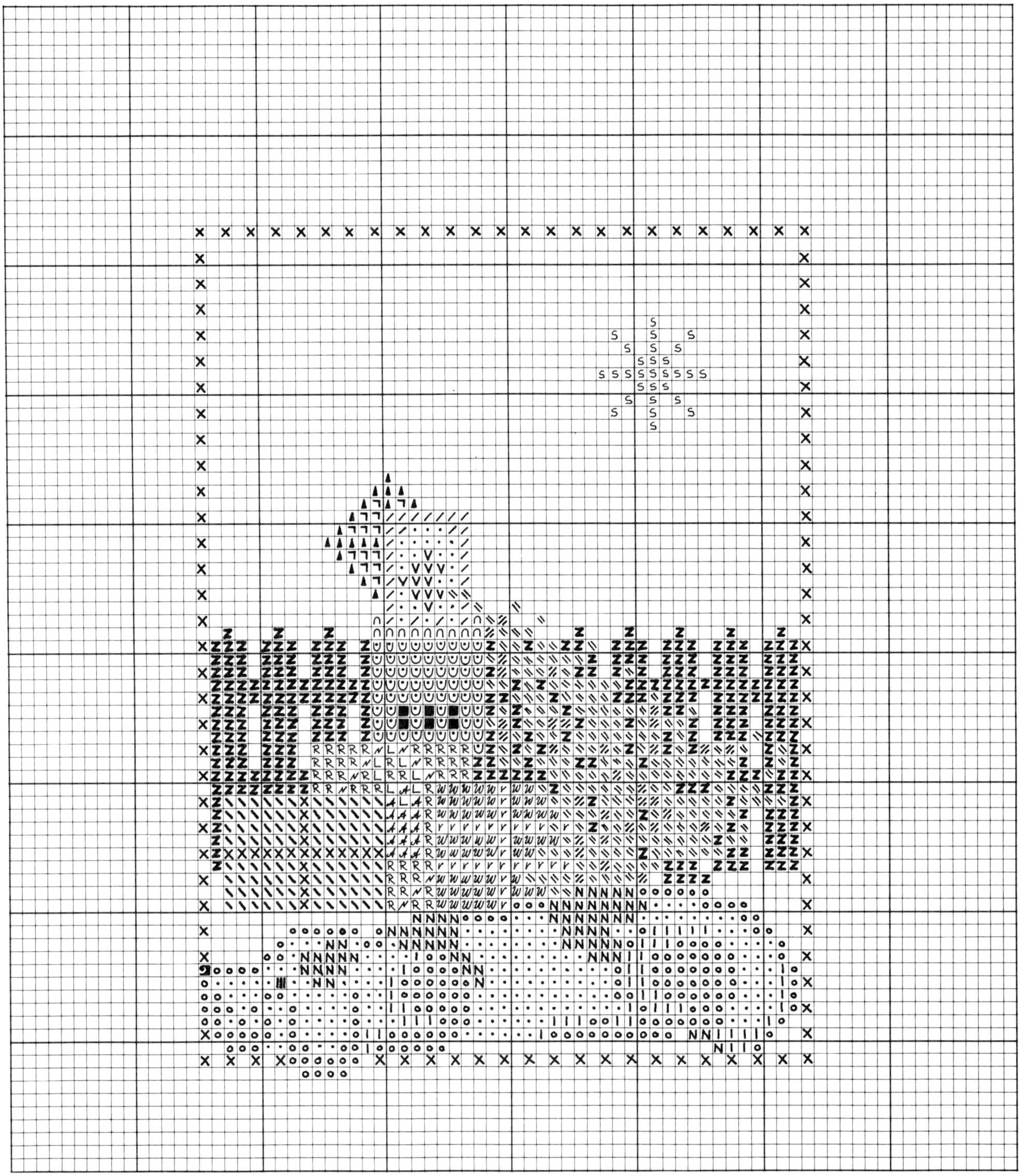

Z 905	w 112	/ 778	∩ 298	A 59	o 390	S Silber
III 277	r 109	• 926	■ 403	L 900	I 372	
\\ 268	\ 121	V 75	R 88	▲ 233	N 907	
// 862	X 119	⊍ 306	N 85	ㄱ 231	9 893	

Gut bewacht sind die Gaben, die der Weihnachtsmann am Gartenzaun abgelegt hat. Ob er wohl Angst hatte, ins Haus zu gehen? Ein Motiv wie dieses kann eine ganze Geschichte erzählen, die nicht nur Hundefreunden Spaß macht.
Motivgröße: 11 × 8,5 cm
Arbeitszeit: ca. 13 Stunden

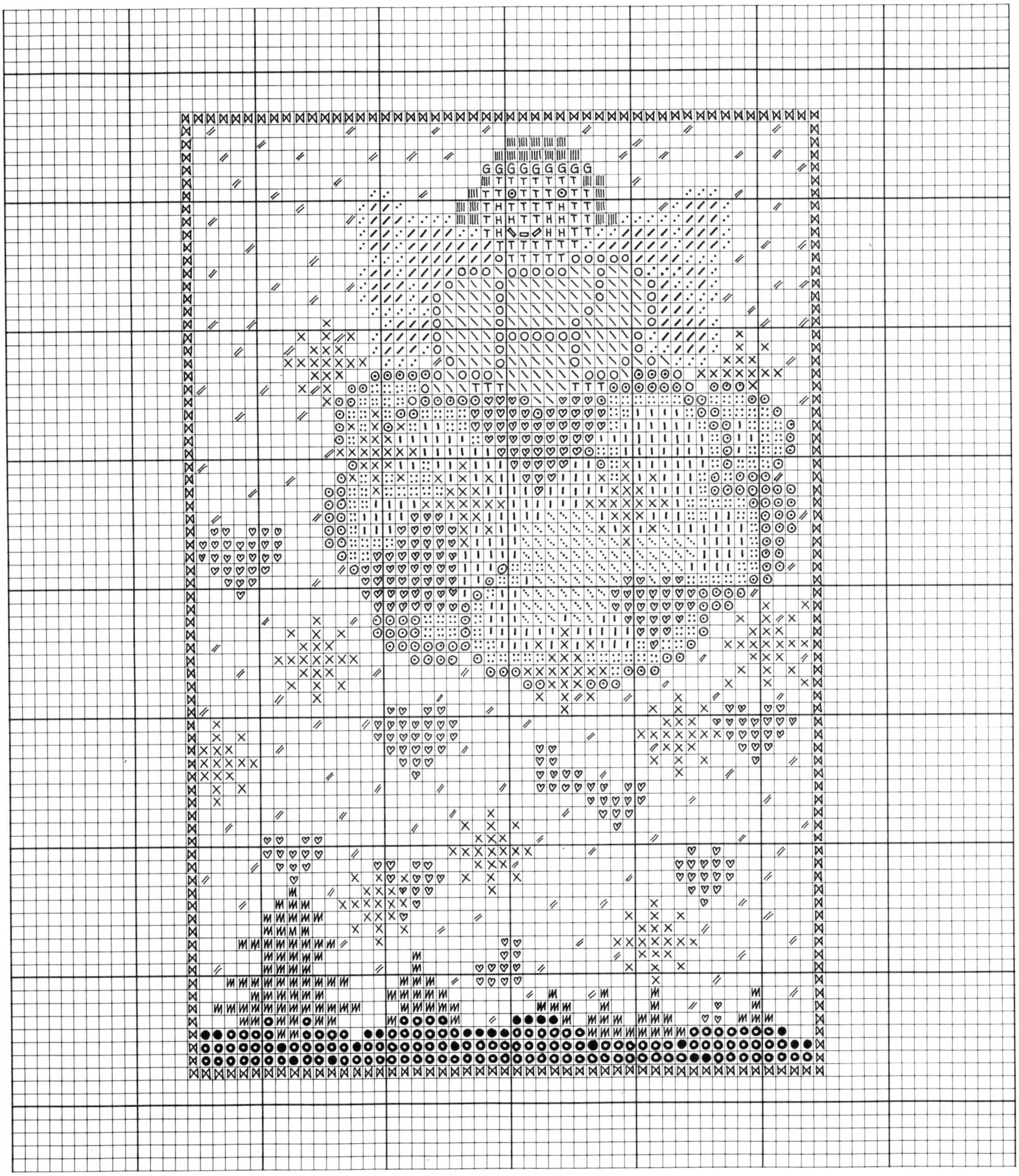

277	Gold	49	393	128
788	9046 Halbstich	121	267	905
6	275	228	117	122
50	926	35	120	847

Mit den Sternen kommt die Weihnachtsbotschaft vom Himmel, die Herzen bringen Liebe und Wärme, und der Engel auf der Wolke hofft, daß er damit alle erreicht. Dieses symbolträchtige, jedoch heitere Motiv ist schnell gestickt.
Motivgröße: 13 × 8,5 cm
Arbeitszeit: ca. 8 Stunden

Endlich sieht man einmal, wo der Weihnachtsmann sich einkleiden läßt. Schade, daß man nicht hinter das Schaufenster blicken kann. Diese Arbeit ist etwas für Geduldige. Die Nadeln der Tannen an der Fassade werden als Halbstiche nach links oder rechts gestickt.
Zählmuster auf den Seiten 42 und 43.
Motivgröße: 15,5 × 21 cm
Arbeitszeit: ca. 38 Stunden

- 403 Halbstich
- 403
- 9
- 13
- 900
- 397 Halbstich
- 9046
- 22
- 847
- 373
- 922
- 850
- 306
- 112
- 400
- 188
- 277
- 218
- 358
- 279
- 280
- 355
- 907
- 365
- 123
- 905 Geradstich
- 905
- 298
- 375
- 50
- 40
- 117
- 120
- 778
- 13 Geradstich
- 145
- 339
- 100
- 403 Docht
- Gold
- 246 Halbstich
- 47
- 118
- Silber
- 341
- 233
- 398
- 862

STMAS-SHOP

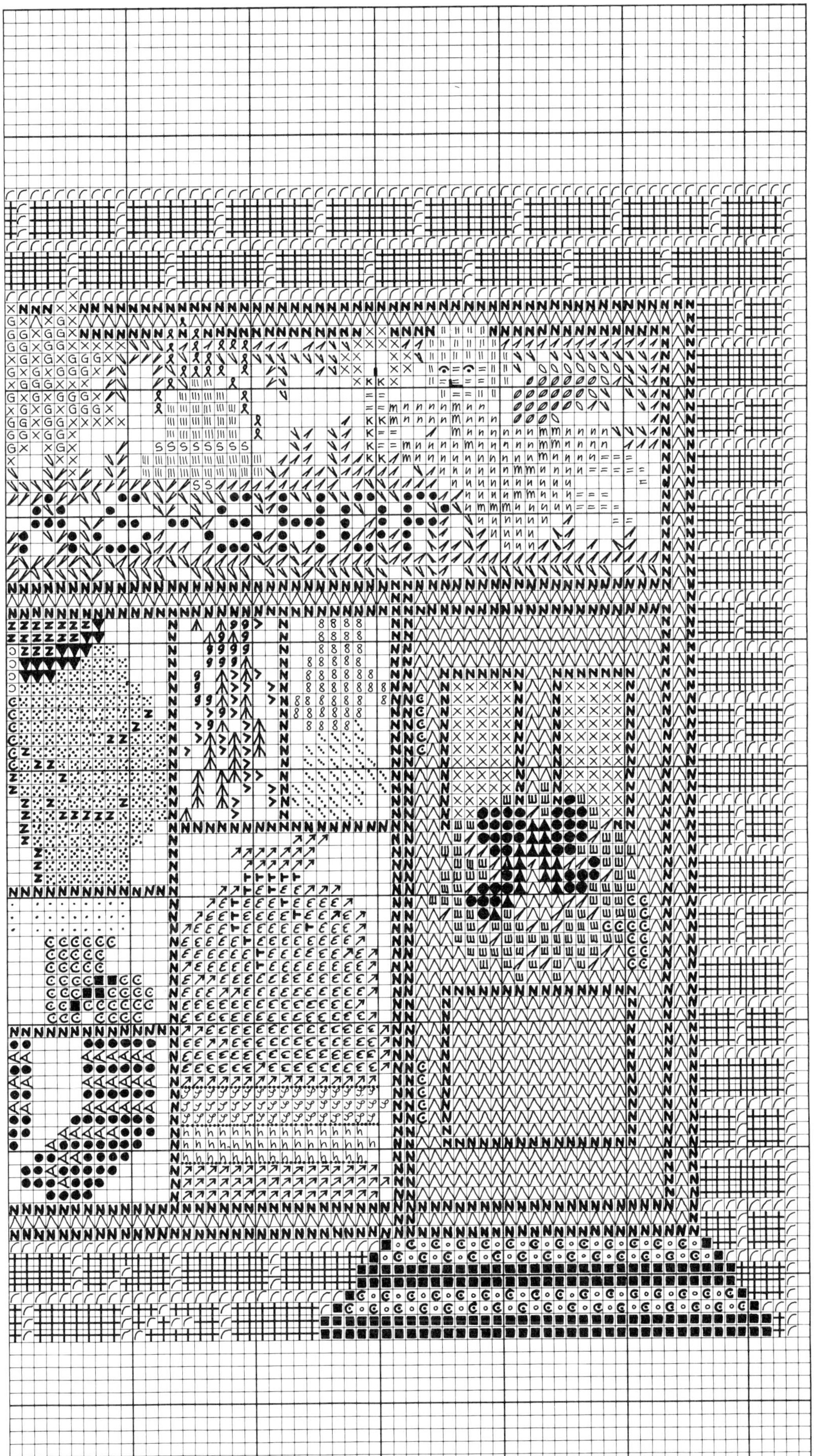

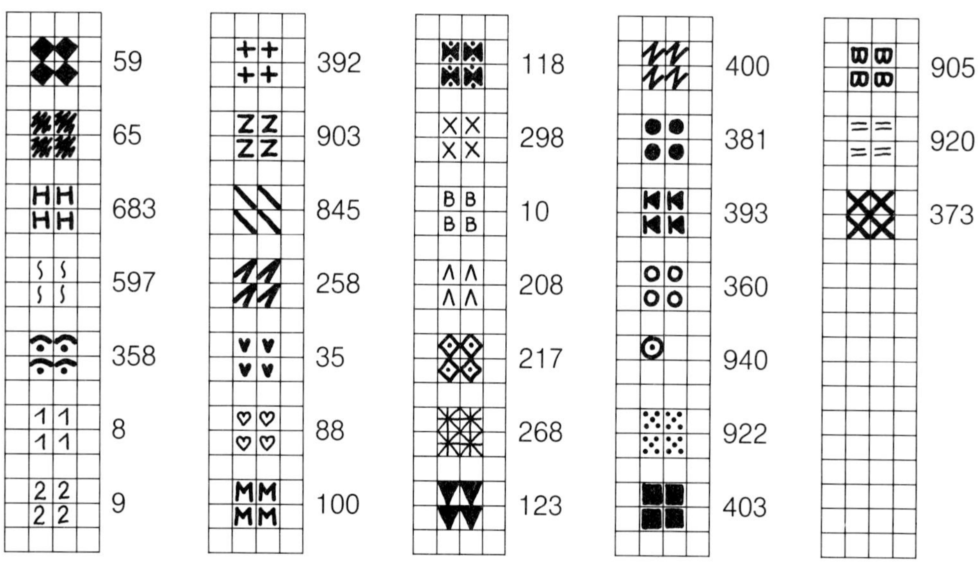
59
65
683
597
358
8
9
392
903
845
258
35
88
100
118
298
10
208
217
268
123
400
381
393
360
940
922
403
905
920
373

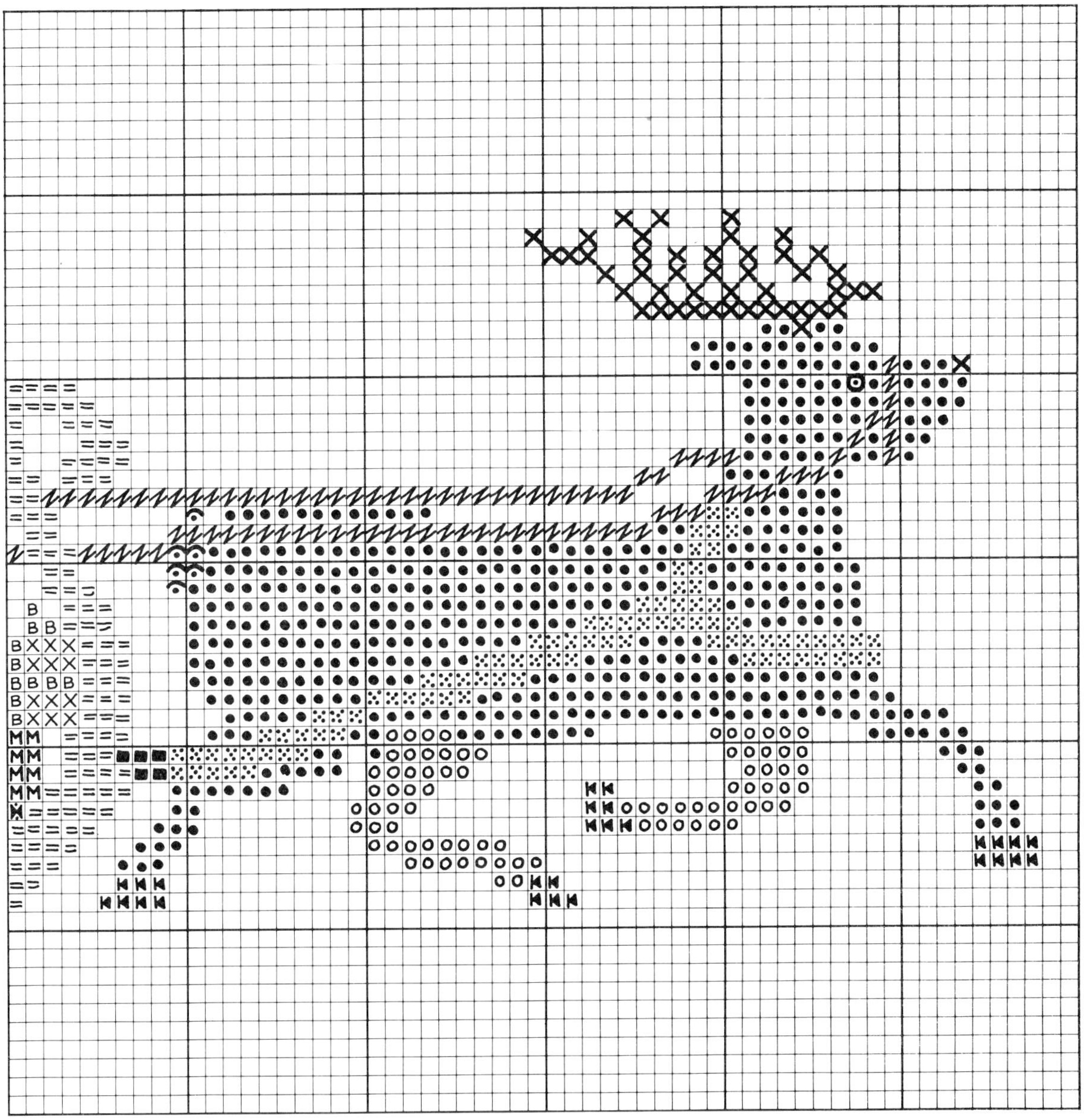

Zählmuster zum Schlitten-Motiv auf den Seiten
44 und 45.

Lässig, mit übereinandergeschlagenen Beinen, gleitet der Weihnachtsmann zur nächsten Bescherung. Was die Flasche unter seinem Sitz enthält, ist nicht bekannt.
Motivgröße: 6,5 × 19,5 cm
Arbeitszeit: ca. 13 Stunden

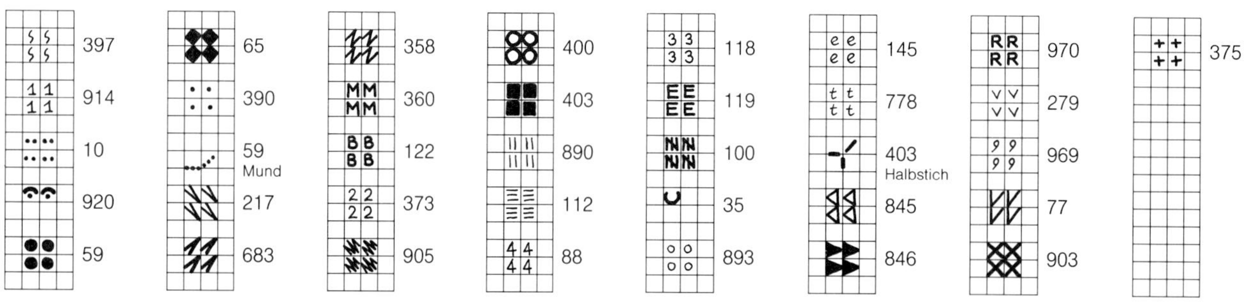
397
914
10
920
59
65
390
59
Mund
217
683
358
360
122
373
905
400
403
890
112
88
118
119
100
35
893
145
778
403
Halbstich
845
846
970
279
969
77
903
375

Der Darstellung auf einer alten Oblate wurde dieser Weihnachtsmann nachempfunden. Vorsicht beim rückseitigen Dämpfen der Arbeit: Die Rottöne des Mantels können etwas ausbluten. Man legt die Stickerei am besten mit der Schauseite auf eine doppelte Lage Haushaltskrepp, bevor man mit dem Bügeln beginnt.

Beim Bügeln mit einem feuchten Tuch, dieses vor dem Auflegen fast trocken bügeln.
Motivgröße: 18,5 × 15,5 cm
Arbeitszeit: ca. 18 Stunden

Symbol	Farbe
T	893
t	778
∴	36
	9046 Mund
	146
⊙	969
	903
X	298
N	246
	244
■	403
O	897
$	372
F	22
●	896
↗	393
i	392
Z	846
	269
G	Gold
2	290
H	355
П	365
h	907
	920
	849
	381
				233
V	232
3	88
\	306
1	890
//	847
z	338
B	326
	905
<	339
⁙	280
U	123
/	122
	843
	845
7	900
L	400
K	47
▪	403 Docht
2	290
°	128
‡	373
=	390

Durch die sternenklare Winternacht stapfend, bringen drei Sternsinger die Kunde von der Geburt Jesu Christi von Haus zu Haus.
Bei diesem traditionellen Weihnachtsmotiv werden die Münder der kleinen Sänger mit waagerechten und senkrechten Geradstichen sowie mit Halbstichen markiert. Die Augen kann man als Kreuzstiche oder Knötchen arbeiten.
Motivgröße: 17,5 × 15 cm
Arbeitszeit: ca. 18 Stunden

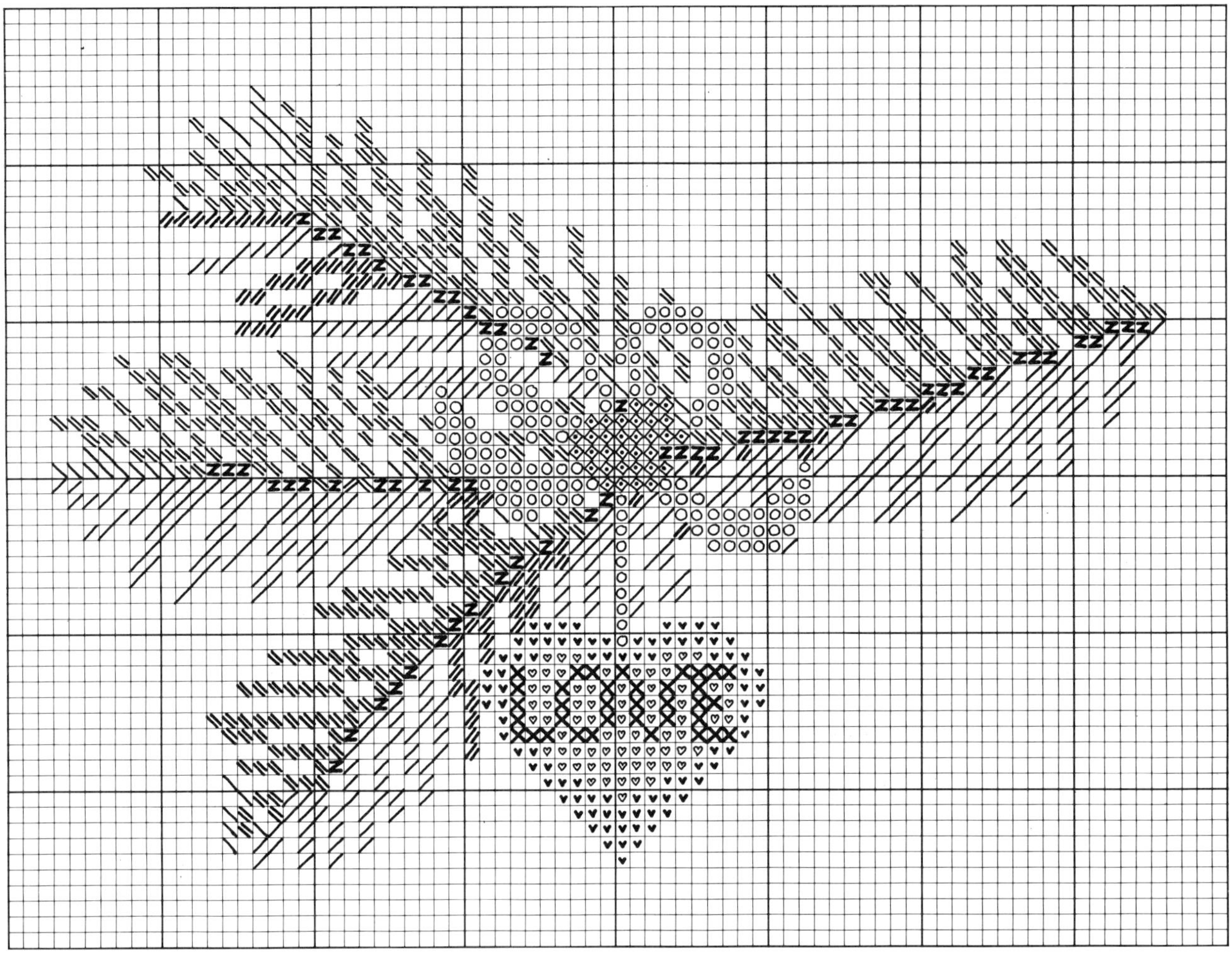

260

290

298

47

9046

100

683
Halbstich

246
Halbstich

Das Sticken dieses kleinen Zweiges erfordert erhöhte Aufmerksamkeit. Beim Arbeiten der Tannennadeln, die aus Halbstichen bestehen, kann man sich sehr leicht verzählen. Man beginnt am besten in der Mitte der Arbeit mit der Schleife. Danach stickt man das Herz und zählt von hier aus nach allen Seiten weiter.
Motivgröße: 10 × 13 cm
Arbeitszeit: ca. 6 Stunden

Hier finden Sie die Symbole für das Zählmuster auf Seite 52.

m m	146	R R	88	Ø Ø	65		123	X X	290	— —	232		244	· ·	847
v v	398	U U	112		35		218	+ +	306	/ /	778		358		326
L L	905	#	862	S S	Silber	Λ Λ	59		890	r r	920	7 7	188	a a	313
N N	846	● ●	9046	G G	Gold	= =	400	I I	393	\ \	128	⊠ ⊠	118	W W	860
//	267	o o	98		122		403 Docht		231	0 0	49		109		

Symbole für dieses Zählmuster finden Sie auf Seite 51.

Hier ist gerade der Weihnachtsmann eingekehrt!
Die Münder der Engel bestehen aus je einem waagerechten Geradstich und einem Halbstich, die Augen sind Knötchen.

Die Girlande: zwischen zwei grüne Kreuze einen waagerechten Stich in Silber. Die Haustürfüllung: halbe Kreuzstiche, die, reihenweise wechselnd, gegenläufig gestickt werden.
Arbeitszeit: ca. 20 Stunden

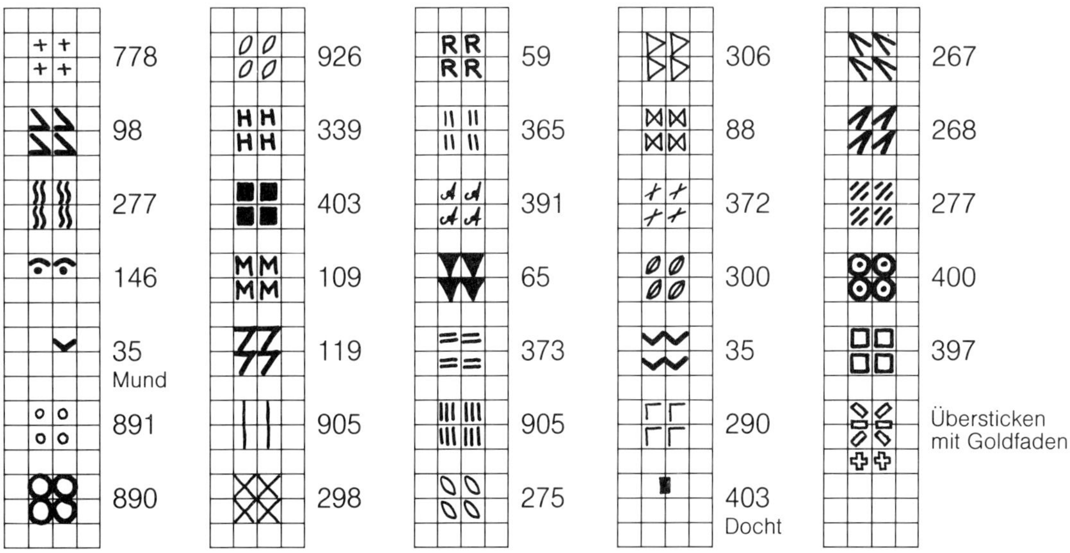
778
98
277
146
35
Mund
891
890
926
339
403
109
119
905
298
59
365
391
65
373
905
275
306
88
372
300
35
290
403
Docht
267
268
277
400
397
Übersticken
mit Goldfaden

„Kommt singt und klingt, kommt pfeift und trommt", heißt es in einem Weihnachtslied von 1623, das die kleinen Engel hier nachvollziehen und daran erinnern, daß Weihnachten ein fröhliches Fest ist.
Motivgröße: 13,5 × 17 cm
Arbeitszeit: ca. 13 Stunden

Mit diesem Mustertuch kann man seinen Freunden in zehn Sprachen ein frohes Weihnachtsfest wünschen. (Farbdesign: Angela Kerzel) Natürlich kann man auch Einzelmotive, mit der entsprechenden Sprachversion kombiniert, als gestickte Grüße versenden. Dabei braucht man sich nicht an die vorgegebenen Farben zu halten, sondern kann Garnreste verwenden.

Zählvorlage auf den Seiten 58 und 59.
Gesamtgröße: 30 × 23,5 cm
Arbeitszeit: ca. 50 Stunden

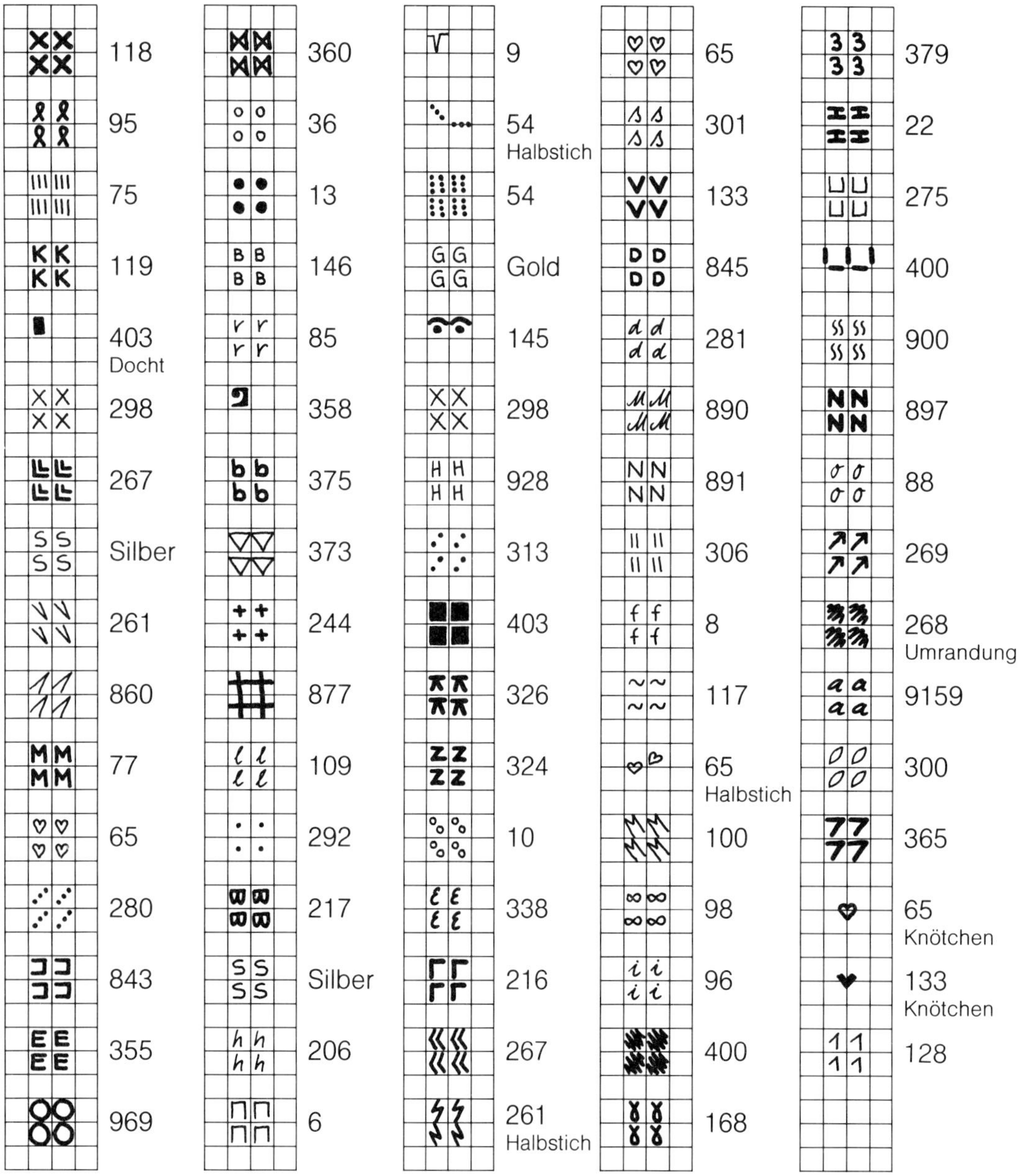

FROHE WEIHNACHTEN
MERRY CHRISTMAS
JOYEUX NOEL
GOD JUL
BOAS FESTAS
FELIZ NAVIDAD
HYRÄÄ JOULUA
PRETTIGE KERSTDAGEN
BUON NATALE
FELICES PASCUASY

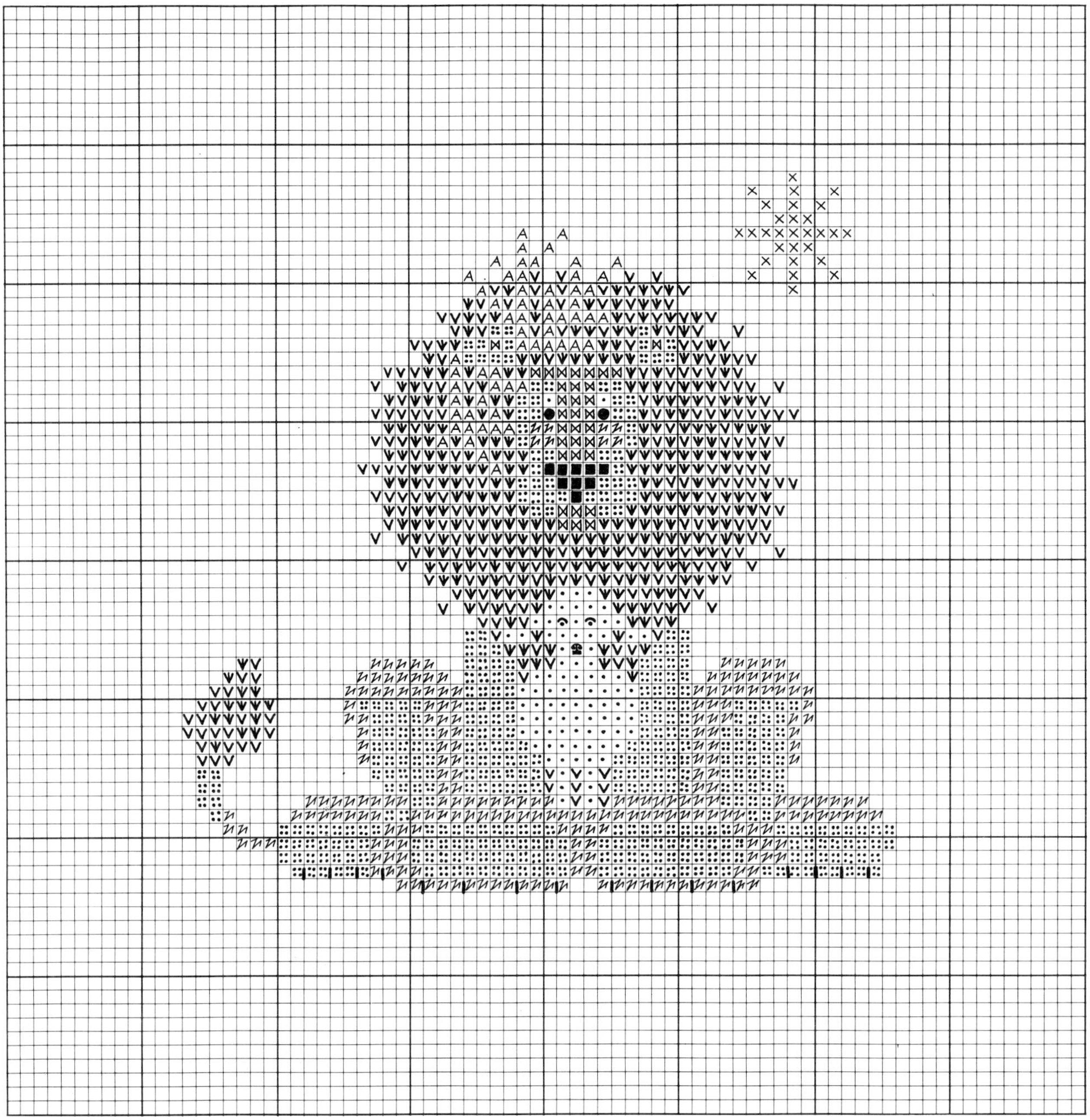

268

905

903

373

358

365

400

403

926

968

121

403
Geradstich

298

Löwe und Lamm, Symbol für den Wunsch nach
Frieden auf Erden.
(Design: Katja Mackens-Hassler)
Motivgröße: 9,5 × 9,5 cm
Arbeitszeit: ca. 6 Stunden

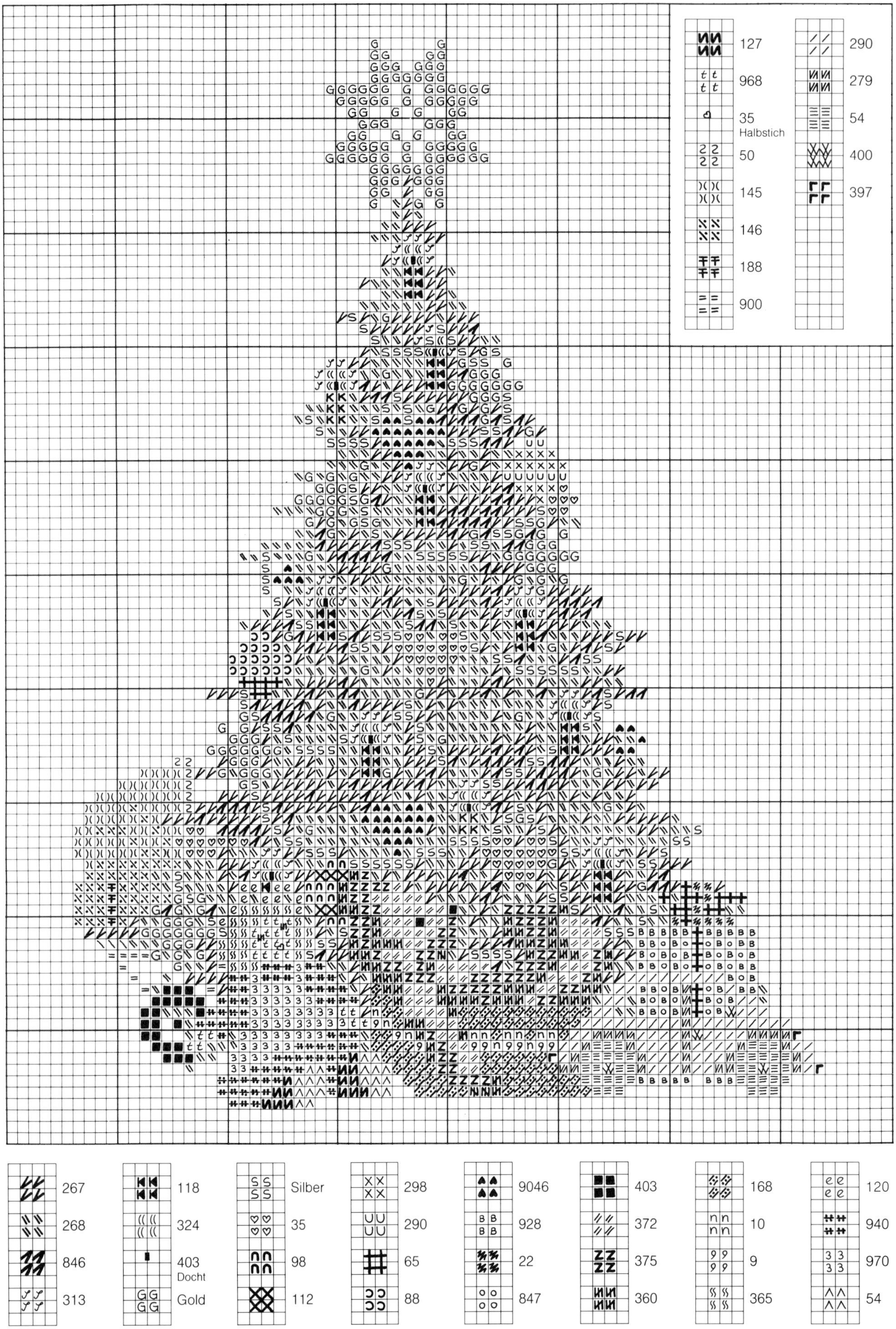
127
968
35
Halbstich
50
145
146
188
900
290
279
54
400
397
267
268
846
313
118
324
403
Docht
Gold
Silber
35
98
112
298
290
65
88
9046
928
22
847
403
372
375
360
168
10
9
365
120
940
970
54

An Weihnachten aus der Kinderzeit erinnert der prächtig glänzende Christbaum, unter dem Geschenke für alle mehr oder weniger Braven liegen. Da für jeden etwas dabei ist, ziert dieser glänzende Weihnachtsbaum auch den Umschlag dieses Buches.

Motivgröße: 16 × 11,5 cm
Arbeitszeit: ca. 15 Stunden

Eine Welt im Kreuzstich: Anregungen und Motive aus der Ravensburger® Stickbibliothek.

Mit einer Fülle neuer Ideen für gestickte Grußkarten wartet dieses Buch auf. Ob persönliche Feiern wie Taufe oder Verlobung, ob jahreszeitliche Feste wie Ostern oder Neujahr, ein geeignetes und hübsches Motiv findet sich hier mit Sicherheit. Damit sie leicht nachgestickt werden können, ist der Kreuzstich zunächst noch einmal ausführlich erklärt.

Das Buch enthält zudem Anregungen für außergewöhnlichere Anlässe: die Katze vor der Haustür zum Einzug des neuen Nachbarn, den Siegerpokal für einen Champion oder den Versöhnungsgruß nach einem Streit.

Erklärt wird die Fertigstellung der Stickarbeit und wie daraus mit einem geeigneten Passepartout eine attraktive, persönliche Karte entsteht.

Jutta Lammèr
Schöne Grüße in Kreuzstich
Für besondere Anlässe und Feste innerhalb des Jahres werden verschiedene Stickmotive angeboten.
ISBN 3-473-**45699**-3

Kurt A. Bernecker
Bänder und Borten
Bezaubernde Kreuzstichmotive für Tischbänder und Borten zur Verschönerung von Tischwäsche und anderen Textilien.
ISBN 3-473-**42485**-4

Jutta Lammèr
Weihnachtsstickereien
Bezaubernde Stickmotive in Kreuzstichtechnik. Durchgehend farbige Abbildungen mit Vorlagen.
ISBN 3-473-**42482**-X

Jutta Lammèr
Gruß und Kuß in Kreuzstich
Gestickte Kartengrüße für jeden Anlaß, die eine ganz persönliche Note haben. Dieser Band hat Anregungen mit den entsprechenden Vorlagen parat.
ISBN 3-473-**45693**-4

Von Ravensburger® gibt es: Spiele, Kinder- und Jugendbücher, Puzzles, Hobby- und Malprogramme, Sachbücher und Videoprogramme.

Ravensburger ®